Wege in eine neue Heimat

Fluchtberichte von Hugenotten aus Metz

Herausgegeben
von Jochen Desel
und Walter Mogk

Verlag der
St.-Johannis-Druckerei
C. Schweickhardt
Lahr-Dinglingen

ISBN 3 501 00368 4

TELOS-Bücher
TELOS-Paperback 2 308

Gesamtherstellung: St.-Johannis-Druckerei, 7630 Lahr/Schwarzwald
Printed in Germany 9268 / 1987

Inhalt

Für die Bereitstellung von Texten, die Besorgung von Archivalien, Literatur und Abbildungen, für Übersetzungen, Beratung und Hinweise danken die Herausgeber vielmals den nachstehend aufgeführten Damen und Herren: Apotheker Werner Friedrich Allmann, Biberach/Riß; Olivier Freiherrn von Beaulieu Marconnay, München; Stadtarchivar i. R. Johannes E. Bischoff, Erlangen-Uttenreuth; Hildegard Cronjaeger, Kassel; Renate Gabers, Bergisch-Gladbach; Brigitte Giros, Metz; Dr. Georg Holfelder, Frankfurt a. M.; Pfarrer Raoul Jassoy, Heidelberg; Pfarrer Helmut Kimmel, Kaiserslautern; Oberstudienrat Willy Pöhling, Kassel; Jean Schloesing, Paris; Dr. Hans Joachim Schmitt, Balduinstein; Ruth Siméon, München; Margrit Welge, Ostberlin; Staatsarchivdirektor Dr. Fritz Wolff, Marburg a. d. L.

Jochen Desel Walter Mogk

Vorwort

Im Jahre 1985 fanden zahlreiche hugenottische Gedenkveranstaltungen wie Gottesdienste, Vorträge und Ausstellungen statt. Auf dem Medienmarkt erschienen Festschriften, Sachbücher und Fernsehfilme. Eine breitere Öffentlichkeit erfuhr von einem historischen Ereignis, das vor dreihundert Jahren im damaligen Europa für Aufsehen gesorgt hatte: Fast eine halbe Million Franzosen verließen entgegen dem ausdrücklichen Verbot Ludwigs XIV. ihr Vaterland – um des Glaubens willen. Diese Hugenotten suchten und fanden eine neue Heimat in den evangelischen Staaten Europas und in Übersee. Dort gehörten sie zu den privilegierten Untertanen; denn von ihnen erhofften sich die absolutistischen Herrscher vor allem den raschen Aufschwung der Produktion und des Handels, ein »Wirtschaftswunder«.

Spätestens seit dem Nationalismus des 19. Jahrhunderts gingen die Hugenottennachkommen zum Teil bewußt in ihrer deutschen Umgebung auf. Die besonderen französisch-reformierten Kirchengemeinden waren bis auf wenige Ausnahmen wie in Berlin, Königsberg i. Pr., Hamburg, Frankfurt a. M., Offenbach a. M. oder Friedrichsdorf i. T. längst erloschen. Soweit deutsch-reformierte Parallelgemeinden am Ort bestanden, übernahmen sie zumindest das materielle Erbe der Flüchtlingskirchen. Beeinflußt von den revolutionären Erschütterungen des 18./19. Jahrhunderts, galten die Réfugiés oft als politische Auswanderer und in unserer Zeit sogar als Wirtschaftsflüchtlinge. Selbst bei Hugenottennachfahren geriet das Wissen um die Herkunft, den Fluchtweg, die erste Ansiedlung im Exil, aber vor allem um das religiöse Motiv in Vergessenheit.

Die Mehrzahl der Ersteinwanderer rang so hart um den Aufbau einer neuen Existenz, daß für die Abfassung von Memoiren kaum Kraft und Muße übrig blieben. Denoch besitzen wir etliche recht aufschlußreiche Niederschriften, unter denen mehrere von Metzer Hugenotten stammen. Dort hatte einst eine große und bedeutende Hugenottengemeinde bestanden. Ihre Berichte sprechen uns trotz des zeitlichen Abstands in ihrer Authentizität auch heute noch unmittelbar an.

Sie enthalten nur Wirkliches; denn in den Ereignissen, die mich betreffen, gibt es nichts, was so überraschend wäre, um es zu bezweifeln, und in den anderen Vorfällen, die ich erzähle, war ich in den meisten Fällen Augenzeuge, und in wiederum anderen Tatsachen erscheint die Wahrheit im Licht und in der Klarheit der Sonne.

Der zitierte Buchhändler und Verleger Jacob Etienne im Kasseler Refuge hat wie andere Autoren die Schwächen, Irrtümer, das Versagen keineswegs verschwiegen und damit kein Helden- oder gar Heiligenbild überliefert. Vielmehr betont er ausdrücklich:

Ich wurde wiederholt wegen meiner Fehler bestraft, doch hat mich Gott, dieser barmherzige Vater, niemals ganz verlassen. Seine Korrekturen waren für mich heilsam; denn ihnen verdanke ich es, daß ich wieder auf den rechten Weg geführt wurde.

In der Tat, diese in schwerer Zeit zuerst nur für die jeweilige Familie niedergeschriebenen Fluchtberichte sprechen für sich selbst. Sie rufen im heutigen Leser zunächst Gefühle der Teilnahme und des Mitleidens hervor. Sie können aber auch dazu dienen, aus dem Leiden der Metzer und vieler anderer Hugenotten Lehren für die Gegenwart zu ziehen: festgegründet zu sein in der eigenen Glaubensüberzeugung, um das Leben besser zu bewältigen und dann auch für Toleranz und Völkerverständigung über Grenzen hinweg einzutreten.

Jochen Desel | Walter Mogk

Einführung

von Walter *Mogk*

Die Fluchtberichte von Hugenotten gehören zu einer Quellengruppe, die seit jeher die besondere Aufmerksamkeit geweckt hat. Eifrige Familienforscher haben mit Hilfe von Kirchenbüchern oft nur das genealogische „Gerippe“ der Einwanderer samt Vorfahren und Nachkommen ermittelt[1]. Bestenfalls ist es ihnen gelungen, aus zusätzlichen kirchlichen und kommunalen Archivalien das Verhalten von Réfugiés in ganz bestimmten Situationen zu rekonstruieren[2].

Nur die hugenottischen Memoiren bieten eine zusammenhängende Erzählung über die wichtigen Ereignisse: über die Lage in der Heimat, den individuellen Fluchtweg und die endgültige Niederlassung im Exil. Die Gesamtzahl solcher Aufzeichnungen aus dem weltweiten Refuge von vermuteten 300.000 bis 500.000 französisch-reformierten Glaubensflüchtlingen[3] ist gering. Die Masse der Einwanderer war so sehr mit dem Aufbau einer neuen Existenz – oft unter erschwerten Bedingungen – beschäftigt, daß nur wenige Zeit und Muße fanden, ihre eigenen Erlebnisse und Erfahrungen festzuhalten. Die meisten Berichte dürften in den Vereinigten Niederlanden als der berühmten „Arche des Refuge“ und einem bedeutenden Zentrum hugenottischen Buchdrucks bzw. Buchhandels sowie in England und der Schweiz erschienen sein. In deutschen Territorien sind vergleichsweise wenige Erinnerungen veröffentlicht bzw. niedergeschrieben worden[4].

Solche Manuskripte waren verständlicherweise zunächst nur für die jeweilige Familie bestimmt[5]. Wollte ein Mitglied aus der Verwandtschaft oder dem Freundeskreis den Text selbst besitzen, mußte die Vorlage ganz oder auszugsweise abgeschrieben werden. Die Überlieferung der Dokumente hing vom Interesse der Kinder und der sorgfältigen Aufbewahrung durch die nachfolgenden Generationen ab. Besser war es um jene Aufzeichnungen bestellt, die gegen Ende des 17. und zu Beginn des 18. Jahrhunderts gedruckt wurden. Von ihnen blieben in öffentlichen Bibliotheken, wie das Beispiel Olry zeigt[6], wenigstens Einzelexemplare erhalten. Die Auswirkungen des Zweiten Weltkriegs und die erneute Flucht zahlreicher Hugenottennachkommen aus Ost- und Mitteldeutschland haben auch diese Überlieferung stark beeinträchtigt[7].

Unter den hugenottischen Memoiren nehmen die Zeugnisse von Galeerensträflingen[8] wie Jean Marteilhe[9] oder die Gebrüder Serres[10] einen besonderen Rang ein. Die anhaltende Teilnahme an Märtyrern des evangelisch-reformierten Bekenntnisses zeigt sich in zeitgenössischen Publikationen und Neuausgaben bzw. Übersetzungen bis in unsere Gegenwart[11].

Den hohen Aussagewert solcher privaten oder gedruckten Aufzeichnungen haben alle jene erkannt, die sich mit der Geschichte der Hugenotten in der Heimat oder im Refuge befaßt haben[12]. Dennoch überrascht die Einschätzung zunächst. In der fachwissenschaftlichen Literatur werden Memoiren als bewußte Überlieferung für die Nachwelt zu Recht äußerst kritisch benutzt. Bei den hugenottischen Verfassern zumindest der Einwanderungsgeneration können wir allerdings davon ausgehen, daß sie sich als praktizierende Calvinisten – sonst wären sie gewiß nicht geflohen! – der Wahrheit vor Gott und ihren Glaubensgenossen verpflichtet wußten. Auch ihr Versagen haben sie dabei zugegeben und ihre Schuld offen ausgesprochen. Nach dem Urteil Gaggs haben die Hugenotten in Frankreich während der zahlreichen Religionskriege mit allen ihren Grausamkeiten ein besonderes Verhältnis sogar zum Martyrium entwickelt, das mit gewollter Selbsthingabe oder gar Selbstverherrlichung nichts gemein hat[13]. Die Verfasser späterer Nachrichten haben neben Tagebüchern, Chroniken und Korrespondenz auch die mündliche Familientradition berücksichtigt. Dabei kann nicht ausgeschlossen werden, daß Einzelheiten – Namen von Personen und Orten, aber auch Vorgänge – ungenau bzw. falsch wiedergegeben worden sind. Aber selbst eine solche Art hugenottischer „Legendenbildung“ könnte zu einer Untersuchung im Vergleich mit zeitgenössischen Quellen reizen und als Beitrag zum jeweiligen Selbstverständnis von Bedeutung sein.

Die Geschichte des reichsunmittelbaren deutschen Bistums Metz, der Stadt Metz und seines Umlandes (pays Messin) kann hier nicht geschildert werden. Nur einige der entscheidenden Daten und Vorgänge sollen erwähnt werden[14].

Zu Beginn des 13. Jahrhunderts befreite sich die Stadt Metz von der Herrschaft ihres Bischofs, der seine Residenz nach Vic verlegte, aber seine Lehenshoheit über zahlreiche Adelsfamilien in Elsaß-Lothringen behauptete. Die Stadt errang unter der Selbstverwaltung reicher Patrizierfamilien die Anerkennung als Reichsstadt des Heiligen Römischen Reiches Deutscher Nation. Im Hochmittelalter drangen vermutlich Anhänger des [Petrus?] Waldes aus Lyon bis hierher vor, und vereinzelte Waldenser sollen sich als Vertreter einer innerkirchlichen, aber bald exkommunizierten Reformbewegung[15] bis ins 16. Jahrhundert gehalten haben. Die Lehre Martin Luthers wurde auch hier wie in vielen Städten[16] rasch bekannt. Aber der Versuch eines Teils der Bürgerschaft, 1543 mit Hilfe des schweizer Reformators Guillaume Farel (vgl. Abbildungsteil) das neue Bekenntins durchzusetzen, scheiterte am Widerstand des Kardinals von Lothringen (Karl von Guise) und des Kaisers. Evangelisch-lutherische Reichsfürsten unter der Führung des Kurfürsten Moritz von Sachsen überließen 1552 gegen die Zahlung erheblicher Subsidiengelder Metz, Toul, Verdun und Cambrai dem französischen König. Unterstützt von der katholischen Partei im Rat und der hohen Geistlichkeit zog Heinrich II. in Metz ein. Im Auftrag des französischen Königs verteidigte Karl von Guise die Neuerwerbung erfolgreich gegen das Heer Kaiser Karls V. Wegen der veränderten politischen Lage büßte Metz die Selbstverwaltung ein, und der Bischof gewann seinen Einfluß auf die Stadt zurück. Die faktische Auslösung der Bistümer Metz, Toul und Verdun (mit den dazugehörigen Städten und Gebieten) aus dem Reich wurde erst im Westfälischen Frieden von 1648 rechtlich anerkannt[17]. Aber noch immer träumten führende Metzer – auf Grund ihrer jahrhundertlangen Reichstradition – von einer Ausnahmestellung. Speziell die Calvinisten rechneten – auch wegen der Nähe zu evangelischen Staaten im Reich – mit einer besonderen d. h. schonenden Behandlung zuletzt durch Ludwig XIV., der nach Mazarins Tod 1661 die Selbstherrschaft antrat.

Die Politik Frankreichs gegenüber den drei Bistümern war längst auf andere Ziele gerichtet, wie es die Bildung eines besonderen Parlaments für Metz, Toul und Verdun zeigt. Um Appellationen aus den genannten Gebieten, die bis 1648 Glieder des Reichs blieben, an das zuständige Reichskammergericht zu unterbinden, entstand während der Regierungszeit Ludwigs XIII. durch dessen ersten Minister Richelieu (1624–1642) im Jahre 1633 mit dem Metzer Parlament ein weiteres oberstes Gericht. Neben dem durch Herkommen und Ansehen führenden Pariser Parlament existierten noch acht gleichrangige Provinzparlamente[18]. Sie waren außer der Rechtsprechung zuständig für die sogenannte Einregistrierung der königlichen Gesetze. Erst nach diesem Akt und nur entsprechend dem jeweiligen protokollierten Wortlaut erlangten königliche Verordungen auch tatsächliche Gesetzeskraft in den zuständigen Provinzen. Dadurch konnte zum Beispiel das Inkrafttreten des Ediktes von Nantes (1598) hinausgezögert, aber die Wirkung des Ediktes von Fontainebleau (1685) wesentlich beschleunigt werden.

Für die Hugenotten waren in diesen Parlamenten seit 1698 besondere „Kammern des Ediktes“ eingerichtet worden: eine katholische Kammer in Paris (mit einem Präsidenten und sechzehn Räten, von denen einer reformiert war) und drei konfessionell halbgeteilte Kammern von Bordeaux, Toulouse und Grenoble (mit jeweils zwei Präsidenten und zwölf Räten). Diese Kammern entschieden als letzte Instanz zu allen Streitigkeiten, die über die Anwendung und Auslegung der Bestimmungen von Nantes entstanden. Ludwig XIV. löste 1669 die Pariser Kammer auf, verlegte die Toulouser Institution 1670 und beseitigte 1679 alle halbgeteilten Kammern. Die Maßnahmen brachten alle Reformierten um den letzten Rechtsschutz, so daß fortan nur das Gnadengesuch an den Hof bzw. den König übrig blieb. Diesen Weg hatten die Metzer Hugenotten seit dem 16. Jahrhundert immer wieder beschritten – allerdings mit wechselndem Erfolg.

In demselben Jahr 1679 ließ der Sonnenkönig beim Metzer Parlament eine der Reunionskammern installieren: Unter dem Vorwand alter lehensrechtlicher Beziehungen wurden möglichst viele Gebiete in Lothringen der französischen Krone zugeschlagen[19].

Die Stellung der Metzer Protestanten[20] innerhalb der Stadt war nach 1552 zunächst keineswegs schlecht; denn Vertreter alteingesessener und angesehener Familien behaupteten sich im Rat. Durch Kontakte zu Farel und Jean Calvin und durch die Wirksamkeit von Pfarrern, die an hugenottischen Akademien in Frankreich sowie der französischen Schweiz ausgebildet waren, erfolgte offenbar problemlos der Anschluß an die französisch-reformierte Kirche: in dogmatischer und organisatorischer Hinsicht. Die Zahl der Neugläubigen soll um 1562 bereits 5.000 betragen haben. Von Metz als Mittelpunkt aus wurde das Umland für das reformierte Bekenntnis gewonnen, so daß in etlichen Orten vorübergehend einige Predigtstätten entstanden. Courcelles-Chaussy – nach 1871 vorübergehend in Kaiser-Kurzel umbenannt – erhielt eine eigene Pfarrei und wurde in der Folgezeit oftmals ein Refugium für Metzer Protestanten. Die Entwicklung der Metzer Hugenottengemeinde spiegelt die verschiedenen Phasen der Religionskriege seit 1562 bis zum Edikt von Nantes (1598) und das Ringen zwischen Vertretern der Häuser Bourbon und Guise um den bestimmenden Einfluß auf den Träger der Königsmacht wider: Kirchenbau und Zerstörung des hugenottischen temple, Ersatz für das Gotteshaus außerhalb der Stadt und Ausweichstationen im Metzer Land, Flucht von Pfarrern und Gemeindegliedern, vorübergehende Rückkehr usw. Die Größe und Bedeutung der Metzer Hugenottengemeinde läßt sich an den zeitweilig vier Pfarrern und dem Presbyterium von zehn Ältesten sowie acht Diakonen ablesen. Um 1611/1612 sollen für über 10.000 Gläubige[21] zwei Kirchen – in Metz und La Horgne – zur Verfügung gestanden haben, ohne die eigenständige Pfarrei in Courcelles zu berücksichtigen. Gemäß calvinistischem Selbstverständnis übergaben die vielen wohlhabenden Gemeindeglieder ihrer Kirche die erforderlichen Geldmittel, um auf die sonst in Frankreich übliche Kirchensteuer verzichten und dennoch die anfallenden Aufgaben erledigen zu können: die Besoldung der Geistlichkeit, die Unterstützung von Bedürftigen in der eigenen Gemeinde, den Unterhalt der kirchlichen Einrichtungen (Gotteshäuser und Schulen) und die Förderung auswärtiger Werke. Die freiwilligen Gaben sollen sich auf 100.000 francs, sogar 400.000 francs pro Jahr belaufen haben. Trotz aller Schikanen während der Selbstregierung Ludwigs XIV. und des dadurch verursachten Rückgangs der Geschäfte verfügte die 1684 auf 3.481 Seelen geschrumpfte Gemeinde[22] noch über 25.000 francs in der Armenkasse bei der Aufhebung des Ediktes von Nantes[23]. Von der „Lebendigkeit des Metzer Protestantismus" zeugen jene über sechzig reformierten Geistlichen, die für den Zeitraum zwischen 1598 und 1685 in Frankreich sowie im Ausland nachgewiesen sind und die aus Metz stammen[24].

Die vergleichsweise ruhige Phase des französischen Protestantismus zwischen 1598 und 1661 beruhte rechtlich auf dem Pazifikationsedikt von Nantes, das König Heinrich IV. am 30. April 1598 unterzeichnete[25]. Er beendete damit die seit dem Blutbad von Vassy (1. März 1562) andauernden, bürgerkriegsähnlichen Auseinandersetzungen[26]. Das wie die vorangegangenen Edikte als „ewig und unwiderruflich" bezeichnete Dokument erkannte weiterhin nur den römisch-katholischen Glauben als einzige Staatskonfession an. Aber die Anhänger der „angeblich reformierten Religion" – so die amtliche Bezeichnung für die Hugenotten – bildeten fortan eine staatlich geschützte religiöse Minderheit. Ihnen wurde die zwar örtlich begrenzte, aber freie und öffentliche Religionsausübung gewährt. Allerdings mußten sie die katholischen Feiertage einhalten, sich nach den katholischen Ehegesetzen richten und den Zehnten an die katholische Geistlichkeit abführen. Daher kam für die normale Hugenottengemeinde die Selbstbesteuerung für die eigenen Bedürfnisse hinzu. Demnach handelte es sich nicht um die Gleichberechtigung beider christlicher Konfessionen, wie sie auf dem Augsburger Reichstag von 1555 für die Anhänger Luthers im Reich zugestanden worden war, sondern lediglich um die Duldung der Hugenotten in Frankreich.

Wichtig waren auch die militärischen Privilegien: Sicherheitsplätze unterschiedlicher Qualität in über 150 Orten. Dank dieser Vorrechte blieben neben den sogenannten Religions-Hugenotten auch die Staats-Hugenotten bestehen, die sich seit der berüchtigten Bluthochzeit – in der Bartholomäusnacht vom 23./24. August 1572[27] – mit der Ermordung der hugenottischen Führungsschicht in Paris und dann in den Provincen (mit Ausnahme von Metz) als politisch-militärische Schutzorganisation gebildet hatten. Diese Festungsplätze wurden den Hugenotten erst durch Richelieu im 10. Hugenottenkrieg (1625–1629) genommen. Nach dem Fall von La Rochelle, der bedeutendsten hugenottischen Festung, und dem Friedensschluß von Alais gewährte das Gnadenedikt von Nimes 1629[28] den Hugenotten nur noch die kirchlich-religiösen Rechte, aber alle militärischen Sicherheitsplätze wurden ihnen entzogen.

Hatte Richelieu die Zusicherung von Nîmes mit staatsmännischem Weitblick genau eingehalten, so schien Ludwig XIV. zunächst diese Politik fortzusetzen. Nach dem Thronwechsel und am Ende der Regentschaft bestätigte er ausdrücklich das Edikt von Nantes in der Fassung des Gnadenedikts von Nîmes, und zwar am 8. Juli 1643 und am 21. Mai 1652. Aus dem Wortlaut der Urkunde von 1652 meinten manche Reformierer sogar die Wiederverleihung von Sicherheitsplätzen ableiten zu dürfen. Dieser Interpretation ließ der König durch Mazarin 1656 als dritter Bestätigung von Nîmes widersprechen. Aber erst mit der Selbstherrschaft Ludwigs XIV. seit 1661 änderte sich das Verhältnis des Staates nicht nur zu den Reformierten, sondern zu den Religionsgemeinschaften überhaupt[29]. Ludwig XIV. bekämpfte seit 1679 die innerkatholische Reformbewegung des Jansenismus. Er ließ ihr Zentrum Port Royal zerstören und erreichte ihre Auswanderung in die Niederlande. Wie Franz I. von Frankreich 1516 den Papst zur Annahme des Konkordats von 1516 genötigt hatte, so zwang Ludwig 1682 den Vatikan zur Unterzeichnung der sogenannten Gallikanischen Artikel. Die katholische Kirche Frankreichs wurde weithin von Rom getrennt und dem französischen Staat unterstellt. Die Hugenotten erlebten zwischen 1661 und 1679 zunächst eine Zeit der verdeckten Bedrängnis durch die restriktive Auslegung des Ediktes von Nantes. Dann ging man zur offenen Verfolgung der Reformierten vor allem durch die Dragonaden über.

Schließlich hob Ludwig XIV. am 18. Oktober 1685 mit dem Edikt von Fontainebleau das Edikt von Nantes, das Edikt von Nîmes und alle Erlasse zugunsten der Hugenotten auf[30]. In einer ausführlichen Einleitung versuchte der Sonnenkönig sein Vorgehen zu rechtfertigen. Er stellte seine Maßnahme als Fortsetzung der Religionspolitik seines Großvaters Heinrichs IV. hin. Als ausschlaggebenden Grund führte er die Zahl der Hugenotten in Frankreich an: Da sich der bessere und größere Teil von ihnen bereits zum alten Glauben bekehrt habe, sei das Edikt von Nantes überflüssig, indem es lediglich einer falschen Religion Vorschub leiste. Nur die wichtigsten Einzelbestimmungen können genannt werden: Sämtliche reformierten Gotteshäuser sollen niedergerissen werden. Allen Untertanen der „vorgeblich reformierten Religion" wird die Ausübung ihres Gottesdienstes in öffentlichen und privaten Häusern bei schärfster Bestrafung untersagt. Alle reformierten Prediger – die Bezeichnung Pfarrer für die hugenottischen Geistlichen ist bereits seit längerer Zeit verboten – müssen, soweit sie nicht konvertieren, innerhalb von vierzehn Tagen ihr Vaterland verlassen. Dagegen wird den Laien die Ausreise strikt verboten: bei Galeerenstrafe für die Männer, bei Konfiskation von Leib und Gut bei den Frauen. Bei dem letzten Artikel handelte es sich nach dem Urteil des damals führenden reformierten Theologen Jean Claude um eine „ausgefuchste Spitzbüberei": Nachdem man den Hugenotten ihre religiös-kirchliche Basis genommen hatte, erhielten sie das generöse Angebot der angeblich ungestörten privaten Religionsausübung. Viele Hugenotten klammerten sich offenbar an diesen Strohhalm. Aber bei der Erneuerung des Edikts von Fontainebleau am 13. Dezember 1698 ließ Ludwig XIV. den Artikel ersatzlos streichen!

Der zeitlich älteste der nachstehenden Fluchtberichte erschien 1688 in den damals stark beachteten „Lettres pastorales addressées aux fidèdeles de France qui gemissent sous la captivité de Babylon“ (seelsorgerlichen Briefen, gerichtet an die Getreuen in Frankreich, die unter der babylonischen Gefangenschaft seufzen). Die in drei oder vier Jahrgängen anonym gedruckten „Briefe“ gab Pierre Jurieu (1637-1713)[31] in seinem Rotterdamer Exil heraus. Dorthin war der französisch-reformierte Pfarrer geflohen, nachdem die hugenottische Akademie zu Sedan, an der er seit 1674 gewirkt hatte, im Jahre 1681 von der Regierung geschlossen worden war. Vom niederländischen Refuge aus kämpfte der „große naturrechtliche Denker und Theoretiker der Volkssouveränität“[32] für „ein eingeschränktes Widerstandsrecht“[33] seiner Glaubensgenossen in Frankreich. Für den Fall, daß das eigene Bekenntnis vom Fürsten verboten und dessen Ausübung untersagt werde, gestattete er den Betroffenen – wie nach 1685 – die defensive Verteidigung ihres Glaubens – notfalls mit Waffengewalt. In der Auseinandersetzung mit dem Frankreich Ludwigs XIV. und mit seinen theologisch-politischen Gegnern – auch im Lager der Hugenotten, wie die Begegnung zwischen Jurieu und Olry beweist, – kam ihm der Berichtsbrief von Marie du Bois sehr gelegen. Er veröffentlichte ihn als anspornendes Beispiel „unglaublichen Mutes“[34] für die weithin ihrer Pfarrer beraubten Gemeindeglieder in Frankreich, wohin die lettres trotz aller polizeilichen Zensurmaßnahmen gelangten.

Thirion hielt den Fluchtbericht für so aussagekräftig, daß er ihn 1884 in seiner fachwissenschaftlichen Untersuchung vollständig abdruckte. Er meinte, daß zu allen Zeiten religiöser und politischer Verfolgungen gerade Frauen eine Standfestigkeit und Beharrlichkeit bewiesen hätten, wie sie bei Männern selten vorkomme. Speziell Marie du Bois habe sich durch „Geistesgegenwart und außerordentliche Energie“[35] ausgezeichnet.

Die Heroisierung der Marie du Bois begann, soweit wir sehen, bei deutschen Autoren erst nach 1871. Dabei dürfte der Ausgang des deutsch-französischen Krieges und die Wiederbelebung der militärischen Sprache auch nachgewirkt haben. Der von 1882 bis 1911 in Metz amtierende Pfarrer Johann Friedrich Dietsch[36] charakterisierte das Mädchen 1888 als „heldenmütige Hugenottin“[37]. Otto Michaelis, von 1903 bis 1919 als Pfarrer in Metz tätig[38], fügte seinen ersten Ausgaben von 1906 und 1911 bzw. 1914 den folgenden Schlußkommentar hinzu: „Soweit der Bericht dieses heldenhaften Mädchens“[39]. Unter dem Eindruck des Ersten Weltkrieges wurde von ihm Marie du Bois zu einem „hugenottischen Heldenmädchen“ hochstilisiert, und zwar als Überschrift im Rahmen der 1917 erschienenen Festschrift zum 400jährigen Jubiläum von Luthers 95 Thesen. Dieser Tradition blieb Michaelis treu, als er 1941 Metz zu „einem alten Bollwerk des Protestantismus“ – gegenüber dem katholischen Frankreich, so müssen wir ergänzen – erhob.

Gemessen an diesem „hugenottischen Heldenmädchen“ mußte Jean Olry (1623–1706/07) – erfolgreicher Karrierejurist, Familienvater und Diakon der Metzer Hugenottengemeinde – nach seiner Konversion zur römisch-katholischen Kirche als Versager gelten. Um der brutalen Verfolgung aller Angehörigen de la religion prétendue réformée (der vermeintlich reformierten Religion) zu entgehen, hatte er seinem bisherigen Bekenntnis abgeschworen und war auf eine französische Insel vor Zentralamerika verbannt worden. „Gleich nach meiner Ankunft“[40] (am 2. Januar 1689) in Kassel, seinem endgültigen Refuge, wohin auch Marie du Bois zunächst geflohen war, entstand der Rechenschaftsbericht über sein bisheriges Leben. Nach der datierten Widmung dürfte die Niederschrift vor dem 2. Juni 1690 abgeschlossen worden sein.

Die gedruckte Ausgabe desselben Jahres erschien nicht am Wohnsitz des Autors, sondern in Hanau. Dort bestand seit dem 16. Jahrhundert eine Wallonisch-Reformierte und eine Niederländisch-Reformierte Kirchengemeinde[41]. Vom Drukker der Olryschen Memoiren Samuel Ammon ist im hessischen Druckerverzeichnis nur ein anderes Werk aus der Hanauer Zeit nachgewiesen[42]. Die Stationen seiner Tätigkeit reichten von Heidelberg, wo er Universitätsdrucker gewesen sein dürfte, über seine Geburtsstadt Hanau als Zwischenaufenthalt (?) bis nach Hannover[43]. Dort verstarb er am 24. März 1707 als kurfürstlicher Hofbuchdrucker und Ältester der Deutsch-Reformierten Kirchengemeinde Hannover[44].

Nach dem Vorwort „An den Leser“ ließ „einer der nächsten Verwandten“ die Erlebnisse – „gewissermaßen ohne Kenntnis des Autors“ – veröffentlichen. Daher sei das Manuskript nicht mehr stilistisch überarbeitet worden, obwohl der Verfasser „übrigens ein fähiger Literat“ sei. Bei dem Verwandten dürfte es sich höchstwahrscheinlich um den damaligen Oberkriegskommissar und späteren Kriegsrat Johann Balthasar Klaute (1653–1733) gehandelt haben[45]. Anläßlich einer Frankreichreise hatte Klaute 1682 seinen Großonkel Jean Olry in Metz besucht, dessen sechstes Kind Anna (1659–1731) dort geheiratet und im Januar 1684 nach Kassel geholt.

Jean Olrys Familie[46] ist in Metz seit dem Großvater Michel Olry, einem reformierten Kaufmann, nachweisbar. Der soziale Aufstieg begann mit seinem Vater Samuel Olry, der es zum königlichen Rat brachte. Der Sohn Jean wurde nach dem Jurastudium etwa 1654 als Advokat am Metzer Parlament zugelassen, erwarb 1654 von einem reformierten Kollegen dessen Kanzlei, wurde dadurch königlicher Notar und zuständig für die Stadt sowie das Metzer Land. Seit 1681 vertrat er außerdem die königlichen Interessen als Prokurator eines bestimmten Bezirks[47]. Seine Heirat im Jahre 1654 mit Judith du Tems du Portail, Tochter eines in der Militärverwaltung tätigen königlichen Rats adeligen Standes, erbrachte neue Beziehungen. Denn der Schwiegervater entstammte einer Juristenfamilie aus Blois und hatte selbst die Tochter eines Metzer Juristen geheiratet. Außer seinem Notariat besaß Olry eine Meierei im benachbarten Flocourt. Auch die Paten seiner insgesamt achtzehn Kinder zeigen die Zugehörigkeit zwar nicht zur führenden, alteingesessenen Schicht der Metzer Hugenotten, deren Mitglieder in den Memoiren besonders erwähnt werden, aber immerhin zu den angesehenen Gliedern der reformierten Gemeinde[48].

Dank seiner Vorbildung und seiner vielfältigen, privaten sowie geschäftlichen Kontakte hatte Olry einen guten, fundierten Einblick in die Verhältnisse seiner Stadt und des Metzer Landes. Weil er mit seiner Frau und fünf seiner Kinder, von denen zwei Mädchen noch minderjährig waren, nach seiner Konversion bis zum Jahre 1678 zu Hause bleiben durfte, wurde er ungewollt zum Chronisten jenes wichtigen Abschnittes in der Geschichte der Metzer Hugenottengemeinde und deren Glieder. Mit großer Genauigkeit und bestechender Aufrichtigkeit schildert er das fremde und eigene Verhalten, ohne die Schwächen, Irrtümer und Fehler zu verschweigen. Nur bei der Begegnung mit dem militanten hugenottischen Theologen Jurieu im Rotterdamer Refuge wandte er sich gegen dessen pauschale, negative Beurteilung der Metzer Hugenottenkirche. Er bat um ein gerechtes Urteil, nachdem er die inneren Kämpfe von Glaubensgenossen zum Teil selbst beobachtet und hinreichend eigene Erfahrungen gesammelt hatte. Insgesamt wurde Olry zum Zeugen vom Niedergang und Ende der Metzer Hugenottenkirche, wodurch schon inhaltlich der Wert seiner Informationen zunahm.

Die Verbannung führte Olry unerwartet nach Martinique, der wichtigsten Besitzung Frankreichs innerhalb der Kleinen Antillen. Erst 1684 hatte der französische Wirtschaftsminister Colbert die Insel aus französischem Privatbesitz für den Staat erworben und bisher erfolgreich gegen niederländische sowie englische Angriffe verteidigt. Den Mitteilungen Olrys entnehmen wir, daß das westindische Inselreich wegen seiner territorialen Aufteilung unter die konkurierenden Kolonialmächte Europas auch für das Refuge der Hugenotten von Bedeutung gewesen ist. Eine monographische Untersuchung steht unseres Wissens noch aus.

Die im Quellennachweis zum Olryschen Text erwähnten Schwierigkeiten, heute überhaupt noch ein Exemplar des 1690er Drucks aufzutreiben, deutet auf die sehr geringe Auflagenzahl hin. Nach Erman/Reclam soll eine Abschrift „manuscrite“, in mehreren Familien der Berliner französischen Kolonie vorhanden gewesen sein: ob von der Handschrift des Autors oder vom Hanauer Druck, der Erman/Reclam bekannt gewesen ist, wird nicht vermerkt[49]. Alle Erwähnungen in der hessischen Literatur – etwa bei Strieder[50], von Rommel[51] oder die Nachricht aus Kassel von 1854[52] – beruhen auf dem Exemplar der Kasseler Landesbibliothek.

Eine größere Wirkung erzielten die Memoiren Olrys erst, als im Jahre 1895 eine zweite Ausgabe des Kasseler Bandes in Paris erschien. Othon Cuvier, einer bekannten Hugenottenfamilie entstammend, wirkte – nach dem Theologiestudium in Straßburg, Genf und Deutschland – von 1838 bis 1871 als reformierter Pfarrer in Metz, später in Nancy[53]. Er befaßte sich intensiv mit der jeweiligen Kirchengemeinde und veröffentlichte Untersuchungen zu deren Geschichte. Sein Verdienst ist es, den Wortlaut der wichtigen Quelle erneut zugänglich gemacht zu haben. Außerdem fügte er mit Hilfe Metzer Archivalien und der Literatur wertvolle Informationen zur Geschichte der Familie Olry, der Metzer Gemeinde und zu den meisten von Olry genannten Personen hinzu.

Angeregt durch diese Wiederentdeckung und den Sieg Deutschlands über Frankreich, beschäftigte sich der Katholik Braun[54] in einem Beitrag des Jahres 1871 mit dem Leidensweg Olrys. Er brachte an allerdings abgelegener Stelle erstmals eine auszugsweise deutsche Übersetzung. Für den politischen Schriftsteller Karl Braun (1822–1893) handelte es sich bei Olry nicht nur um die „Geschichte eines hugenottischen Réfugié“, sondern um das Schicksal von Metz insgesamt, „während es französisch gewesen war“[55]. Die zeitlich folgenden Arbeiten über den Metzer Protestantismus von Thirion und Dietsch zogen die Nachrichten Olrys für den Abschnitt zwischen 1685 und 1687 als eine Hauptquelle heran. Die Amtsnachfolger von Dietrich, Otto Michaelis (1903–1919)[56] und Fritz Ribstein (1911–1920)[57], besorgten eine vollständigere deutsche Übersetzung, die zuerst in der Reihe „Volksschriften für das evangelische Lothringen“ herauskam und unmittelbar vor Ausbruch des Ersten Weltkrieges als „Geschichtsblatt des Deutschen Hugenotten-Vereins“ übernommen wurde. Der Wiederabdruck in der Zeitschrift „Der deutsche Hugenott“ 1964/1965 brachte vorübergehend eine gewisse Aktualisierung. Die deutsche Übersetzung des gesamten Textes steht noch immer aus.

Die Memoiren von Jakob Etienne übertreffen durch Stil, Aufbau und Inhalt die meisten veröffentlichten Fluchtberichte. Der Verfasser war vermutlich Nachkomme der berühmtesten Buchdruckerfamilie Frankreichs[58], weshalb er ohne Zeugnisse sowohl in Heidelberg als auch in Kassel sofort die privilegierte Anstellung erhielt, um die er nachgesucht hatte. Er entwickelte bei seiner Darstellung auch literarischen Ehrgeiz, was die Übersetzung einzelner Passagen erschwert. Nach dem Vorbild von Annalen und Chroniken ordnete er seine Informationen streng chronologisch an. Die eigenen Erlebnisse wurden bewußt in den größeren politischen Zusammenhang gestellt. Von der Außenpolitik Ludwigs XIV. hing nicht nur das Schicksal seiner Eltern in Metz und der dort verbliebenen Glaubensgenossen, sondern auch jener Réfugiés ab, die bis zum Frieden von Rijswijk 1697 und dem „ne jamais“ (nein, niemals) des Sonnenkönigs noch immer auf die Rückkehr in die Heimat hofften, wie es zum Beispiel Daniel Cuny in Berlin getan hat. Besonders ausführlich schildert Etienne die Planung und Durchführung seiner Flucht. Aufschlußreich ist seine Route für den saarländisch-pfälzischen Raum[59]; denn sie dokumentiert die Bedeutung dieses Gebietes auch als Durchgangsstation des deutschen Refuge. Damit leistet Etienne eine wertvolle Ergänzung zu den oft nur pauschalen Angaben anderer Quellen über die Hauptfluchtwege von Réfugiés, wie sie zuletzt Cronjaeger in vorbildlicher Kleinarbeit für Hessen-Kassel zusammengestellt hat[60]. Anhand der jährlichen Notizen von Jacob Etienne und seinem Sohn Jean Samuel können wir den Anpassungsprozeß an die neue Umgebung in persönlicher, familiärer, kirchlicher und geschäftlicher Hinsicht verfolgen.

Das Manuskript ging vom Sohn des Verfassers in den Besitz der Celler Hugenottenfamilie Gabain über, jedoch ist die Handschrift seitdem verschollen. Die Abschrift des Urenkels Matthieu Charles Frédéric Etienne aus dem Jahre 1786 wurde von den Gabains aufbewahrt und über den Zweiten Weltkrieg hinaus gerettet. Als im Frühjahr 1850 Vater und Sohn Louis Gabain eine der ersten Fahrten ins Land der Vorfahren unternahmen, benutzten sie die Etienneschen Memoiren als Reiseführer und notierten am Rand des Textes die erreichten Orte bzw. die zurückgelegten Strecken[61].

Die wichtige Quelle wurde der Öffentlichkeit erstmals in deutscher Übersetzung bekannt. Sie erschien als Fortsetzungsserie im Gemeindeblatt der Berliner Hugenottenkirche 1924 und 1925. Wegen der finanziellen Schwierigkeiten zur damaligen Zeit verdient der Mut des Consistoriums und des Schriftleiters Pfarrer Jean Peter Lorenz besondere Anerkennung. Leider blieb der Druck an entlegener Stelle sogar der Hugenottenforschung verborgen. Erst die modernisierte, fehlerhafte Übersetzung des Jahres 1974, die in Buchausgabe vertrieben wurde, erreichte ein breiteres, offenbar interessiertes Publikum; denn 1976 kam eine weitere Auflage heraus, die inzwischen restlos vergriffen ist. Eine vollständige, zweisprachige und textkritische Edition wird von uns längerfristig vorbereitet.

Die „Denkschrift“ von Susanne Madeleine Jassoy, geborene Morizot entstand höchstwahrscheinlich erst gegen Ende ihres Lebens und wurde 1781 abgeschlossen[62]. Die Verfasserin lebte damals schon zweiunddreißig Jahre im Hanauer Refuge, wo sie am 30. August 1756 den städtischen Bürgermeister Simon Jassoy (1733-1785) geheiratet hatte. Ihr Mann entstammte ebenfalls einer Metzer Hugenottenfamilie, war aber bereits in Hanau[63] geboren worden.

Als Motiv für die Niederschrift gibt der Bearbeiter Wilhelm Jassoy den Wunsch der Verfasserin an, „daß sich bei den eigene Nachkommen die Erinnerung an die durchlittenen Drangsale nicht so leicht verwische“. Darüber hinaus habe sie „in Hanau mehrfach die Erfahrung gemacht, daß dort lebende Nachkommen von Hugenotten über die Beweggründe, welche ihre Vorfahren veranlaßt hatten, Frankreich zu verlassen, nichts weiter anzugeben ist, als daß religiöse Verfolgungen die Ursache gewesen seien. Über die Verfolgungen selbst wußten sie so gut wie nichts und konnten oft nicht einmal den Ort angeben, an welchem ihre Vorfahren vor der Auswanderung gelebt hatten[64]“.

Die Erinnerungsbilder von Susanne Madeleine Jassoy, geborene Morizot, unterscheiden sich von den bisherigen Berichten, weil die Verfasserin der zweiten Generation nach der Aufhebung des Ediktes von Nantes angehört. Ihre Familie hatte sich wie viele Neubekehrte durch die Unterzeichnung der Abschwörungsurkunde äußerlich angepaßt, um unter den veränderten rechtlichen und vor allem kirchlich-religiösen Bedingungen in Metz auszuharren[65]. Den zahlreichen, zum Teil schikanösen Bemühungen katholischer Vertreter zum Trotz waren aus den zwangsweise konvertierten Anhängern der R.P.R (de la religion prétendue réformée - der vermeintlich reformierten Religion) inzwischen keineswegs nur überzeugte Verfechter des alten Glaubens geworden. Viele der Hugenotten in Metz verweigerten – in Einzelfällen demonstrativ – die Teilnahme an der Messe. Soweit es möglich war, ließen sich angehende Paare im benachbarten Ausland von reformierten Flüchtlingspfarrern trauen. Später bemühten sie sich dort auch um die Taufe und Konfirmation ihrer Kinder. Obwohl solche Amtshandlungen gegen die geltenden Bestimmungen verstießen, wurden sie von vereinzelten katholischen Geistlichen stillschweigend hingenommen.

Nach dem Tod Ludwigs XIV. 1715 war die Lage für überzeugte Calvinisten in Metz keineswegs ungefährlich. Weil dieser Zeitraum der Metzer Hugenottengeschichte vergleichsweise wenig erforscht ist, verdienen auch die hier nicht abgedruckten Nachrichten der Verfasserin unsere Aufmerksamkeit. Zum Zeitpunkt ihrer Flucht aus Metz (1749) lagen infolge der regen Korrespondenz mit Metzer Glaubensflüchtlingen im Ausland genauere Informationen über die unterschiedlichen Lebens- und Arbeitsbedingungen im europäischen und deutschen Refuge vor. Wie bei Etienne kam es auch bei der miteinander verwandten Familien Jakob und Morizot zu einer lebhaften Diskussion über den Niederlassungsort, dann zu einem fehlgeschlagenen Versuch in London, bevor sich Hanau als günstiger Geschäftsplatz erwies.

Das Interesse der Nachkommen an der Familienüberlieferung beweisen die verschiedenen Abschriften des Manuskriptes. Aber erst das zweihundertjährige Gedenken an das Edikt von Fontainebleau bzw. an die Aufnahmen von Réfugiés in deutschen Territorien löste bei vielen der um 1885 lebenden Träger hugenottischer Namen ein neues Selbstbewußtsein und ein starkes Interesse an der hugenottischen Vergangenheit aus. Im Zuge dieser hugenottischen Renaissance wurden – wie im Fall Jassoy – zahlreiche Memoiren und Familiengeschichten publiziert.

Neben Berlin und Kassel als Zentren Metzer Réfugiés spielte Magdeburg mit einer Wallonisch-Reformierten[66], Französisch-Reformierten[67] und Deutsch-Reformierten Kirchengemeinde[68] eine wichtige Rolle für die Glaubensflüchtlinge aus Metz. Die Nachkommen der zuerst nach Brandenburg eingewanderten Familien Cuny und Sechehaye gelangten nach Magdeburg. Der Verfasser Jean Jacques Cuny zählte zwar zur dritten Generation der Réfugiés, aber er war als überzeugter Calvinist noch aktiv in der Magdeburger Hugenottengemeinde tätig. Ihn beschäftigte gegen Ende seines Lebens die Familiengeschichte aus aktuellem Anlaß. Im Jahre 1804 waren durch die Französische Revolution erneut zahlreiche Menschen mit französischen Namen nach Deutschland gekommen. Für den geschichtlich nicht unterrichteten Deutschen würden bald beide Flüchtlingsgruppen zusammenfallen, zumal selbst bei Hugenottennachkommen ohne schriftliche Aufzeichnungen das Wissen über die Herkunft, die Ursachen und den Weg der Flucht in Vergessenheit geriet, was schon Madeleine Jassoy beklagt hatte. Wenigstens für die eigene Familie wollte Cuny mit seinem aus verschiedenen Quellen zusammengestellten Bericht, der hier erstmals veröffentlicht wird, vermeiden, daß seine Vorfahren als Glaubensflüchtlinge mit politischen Flüchtlingen der Französischen Revolution verwechselt wurden. In seinen Aufzeichnungen tritt eine Frau als Hauptakteurin auf, deren Mut und Einsatz an das Verhalten von Marie du Bois erinnert.

Trotz der berechtigten Kritik vor allem an der Praxis der katholischen Geistlichkeit und besonders der Jesuiten bemühen sich die Verfasser der im vorliegenden Band berücksichtigten Memoiren um ein differenziertes Bild damaliger Verhältnisse. Die Unterstützung sogar durch katholische Mitbürger wird ebenso erwähnt wie das echt christliche Vorgehen jenes katholischen Geistlichen, dessen Name unbekannt ist, dessen Taten aber von Cuny ausdrücklich überliefert werden. In der harten Bedrängnis vor und nach 1685 war die Solidarität innerhalb der Hugenottengemeinde von größter, gewiß ausschlaggebender Bedeutung. Aber auch die Hilfsbereitschaft von Juden als der anderen religiösen Minderheit wurde von Olry und Jassoy nicht vergessen.

Der Metzer Notar Jean Olry hat im Widmungstext an seine durch die Aufhebung des Ediktes von Nantes auseinandergerissene Familie seine Motive für die Aufzeichnungen folgendermaßen zusammengefaßt:

Meiner Familie gewidmet.
Meine innig geliebte Frau und Ihr meine lieben Kinder!

Der allmächtige Gott hat mich von den amerikanischen Inseln, auf die ich durch den Haß gegen unseren heiligen Glauben verbannt war, nach Europa zurückgebracht. Ich landete im Hafen der berühmten holländischen Stadt Amsterdam. Viele Mühen ertrug ich auf der Fahrt über den Ozean während mehr als zweihundert Tagen. Vielen Gefahren war ich dabei ausgesetzt. Gleich nach meiner Ankunft in Kassel entschloß ich mich, eine wahrheitsgemäße Beschreibung der Leiden unserer verfolgten Metzer Glaubensgenossen seit der Aufhebung der Edikte von Nantes und von Nîmes niederzuschreiben. Ich selbst wurde als Gefangener in die Zitadelle von Metz geführt, von da gings in die Gefängnisse der Zitadelle von Verdun, dann in die Kerker des Fort St. Martin auf der Insel Ré und endlich nach der Insel Martinique, der wichtigsten Besitzung Frankreichs im nördlichen Teil von Amerika. Ich habe einen Bericht über meine merkwürdigen Abenteuer hinzugefügt sowie meine auf den Inseln gesammelten Beobachtungen naturwissenschaftlicher und völkerkundlicher Art. Ich widme Euch diesen Bericht, damit Ihr daran die Allmacht Gottes erkennt, die mich in unzähligen Gefahren erhalten hat, und seine Güte, die mich in wunderbarer Weise aller Wut unserer grausamen Feinde zum Trotz daraus befreite. So möge denn dieser Bericht, das ist mein Wunsch, Euch, Euren Kindern und Nachkommen ein bleibendes Denkmal sein der väterlichen Fürsorge des lieben Gottes für die Seinen! An allen Enden läßt er seine Gnade walten über denen, die auf ihn trauen. Meine liebe Frau und meine lieben Kinder! Ich bitte Gott, daß er uns durch Buße, Heiligung und die Kraft seines heiligen Geistes auf den Weg der Wahrheit führe unser Leben lang und, wenn unser Stündlein komme, uns aufnehme in die ewigen Hütten, damit wir ihn dort mit allen Seligen in Ewigkeit loben und preisen! Amen.

Kassel in Hessen, 2. Juni 1690.

Euer treuer Gatte und Vater
J. Olry[69]

Anmerkungen:

1 Vgl. etwa *Chappuzeau*, Curt: Das altfranzösische Geschlecht Chappuzeau. Eine genealogische Skizze nebst Anhang von H. K. *Eggers*. Plön 1880. Fortgeführt. Hannover 1968.

2 Vgl. die vorbildlichen Arbeiten von *Topel*, Traugott H.: Meine hugenottischen Vorfahren. Heimat. Drangsale. Zuflucht. Düsseldorf 1974. von *Cossart*, Manfred: Die baltische Hugenottenfamilie von Cossart. Stammtafel und Ahnenreihen. Köln 1976. = Baltische Ahnen- und Stammtafeln. Sonderheft Nr 11.

3 Vgl. *Weis*, Eberhard: Frankreich von 1661 bis 1789. In: Europa im Zeitalter des Absolutismus und der Aufklärung. Hrsg. Fritz *Wagner*. Stuttgart 1968. S. 214. = Handbuch der europäischen Geschichte. Bd 4.

4 Vgl. *Muret*, Eduard: Lebensbilder einiger Réfugiés aus der Zeit der Einwanderung, nach ihren eigenen Aufzeichnungen . I. Aufzeichnungen des Marquis de Mirmand. In: Die französische Colonie. Berlin. [November] 1888, [2. Jg.], Nr 11, S. 133.

5 Vgl. etwa den hier abgedruckten Bericht von Cuny, aber auch die Widmung Olrys.

6 Vgl. den Quellennachweis zum Text von Olry.

7 Vgl. die Informationen zur Überlieferung der Memoiren von Etienne.

8 Vgl. *Frei*, Oskar: Dem größten König eigen. Lebensbilder aus der Notzeit der reformierten Kirche Frankreichs. Basel [1957]. Unveränderte Neuausgabe: Stuttgart 1981. = TELOS. 310.

9 Vgl. den Artikel Marteilhe (Jean): In: *Haag*: La France protestante. Bd 7. Paris 1857; Nachdruck: Genf 1966. S. 286–289. Dort sind französische Drucke des 18. Jahrhunderts nachgewiesen.

10 Vgl. *Frei*: a. a. O. S. 123–147.

11 Vgl. die Übersicht über die Verbreitung der Autobiographie Marteilhes in: The British Library General Catalogue of Printed Books to 1975. Bd 212. München 1983. S. 376–377. Eine Neuausgabe seiner Memoiren in deutscher Übersetzung wird vorbereitet.

12 Vgl. *Erman* Jean-Pierre / *Reclam*, Pierre Chrétien Frédéric: Mémoires pour servir à l'histoire des réfugiés françois dans les états du roi. 9 Bde. Berlin 1782–1799. *Muret*: a. a. O. Außerdem sind die Quellennachweise, die jedem der im vorliegenden Band abgedruckten Texte beigegeben sind, zu beachten.

13 Vgl. *Gagg*, Robert P.: Hugenotten. Profil ihres Glaubens. Basel 1984.

14 Die folgende Übersicht beruht auf den im Rahmen der Quellen- und Literaturhinweise (am Ende des vorliegenden Bandes) aufgeführten Werken von *Thirion*, *Dietsch* und *Mazauric*. Auf Einzelnachweise wird verzichtet.

15 Vgl. *Molnár*, Amedeo: Die Waldenser. Geschichte und europäisches Ausmaß einer Ketzerbewegung. Ostberlin 1980.

16 Vgl. *Moeller*, Bernd (Hrsg.): Stadt und Kirche im 16. Jahrhundert. Gütersloh 1978. = Schriften des Vereins für Reformationsgeschichte. Nr 190.

17 Vgl. *Conrad*, Hermann: Deutsche Rechtsgeschichte. Bd 2: Neuzeit bis 1806. Karlsruhe 1966. *Zeller*, G.: La réunion de Metz à la France 1552–1648. Paris 1926.

18 Vgl. *Holtzmann*, Robert: Französische Verfassungsgeschichte von der Mitte des neunten Jahrhunderts bis zur Revolution. München 1910. = Handbuch der mittelalterlichen und neueren Geschichte.

19 Vgl. die ältere, aber wegen ihrer zahlreichen Details noch immer nützliche Darstellung von *Erdmannsdörffer*, Bernd: Deutsche Geschichte vom Westfälischen Frieden bis zum Regierungsantritt Friedrichs des Großen. 1648–1740. 2 Bde. Berlin 1892–1893. = Allgemeine Geschichte in Einzeldarstellungen. 3. Hauptabt. Teil 7.

20 In deutscher Sprache liegen die umfangreiche Darstellung von *Dietsch*, Johann Friedrich: Die evangelische Kirche von Metz. Entstehung, Verfolgung, Untergang und Auferstehen. Wiesbaden 1888; 2. Aufl. Metz 1910 und der knappe Abriß von *Mazauric*, Roger: der Protestantismus im Metzer Land. Braunschweig 1971. = Geschichtsblätter des Deutschen Hugenotten-Vereins. 16. Zehnt. H. 6/8 vor. Der letzte Titel ist über die Geschäftsstelle des deutschen Hugenotten-Vereins, Postfach 35, 3305 Sickte noch zu beziehen.

21 Vgl. *Mazauric*: a. a. O. S. 25.

22 Vgl. ebenda. S. 32.

23 Vgl. ebenda. S. 26.

24 Vgl. ebenda. S. 23.

25 Vgl. *Walder*, Ernst (Bearb.): Religionsvergleiche des 16. Jahrhunderts. 2. [Teil]: Januaredikt 1562. Edikt von Nantes 1598. Bern 1961; 2. Aufl. 1961. = Quellen zur neueren Geschichte. H. 8.
Rechts-Urkunden zur Geschichte der Hugenotten. Das Edikt von Nantes. Das Edikt von Fontainebleau. Deutsche ungekürzte Ausgabe. Flensburg 1963 (Bezug über die Geschäftsstelle des Deutschen Hugenotten-Vereins).

26 Vgl. *Livet*, Georges: Les guerres de religion (1559–1598). Paris 1962 und öfter. = Que sais-je? 1016.

27 Vgl. *Erlanger*, Philippe: Bartholomäusnacht. Die Pariser Bluthochzeit am 24. August 1572. München o. J.

28 Die vollständigste Sammlung der Hugenottenedikte bietet *Benoît*, Elie: Histoire de l'édit de Nantes. Delft 1693–1695; die wichtigen Quellen sind abgedruckt bei *Haag*: a. a. O. Bd 10. Paris 1858; Nachdruck: Genf 1966.

29 Vgl. zum folgenden *Weis*: a. a. O. S. 206–216.

30 Vgl. die in Vorbereitung befindliche Analyse von Peter *Liessem*, die in Kürze als Geschichtsblatt des Deutschen Hugenotten-Vereins erscheinen wird.

31 Vgl. *Knetsch*, Frederik Reinier Jacob: Pierre Jurieu. Theoloog en politikus der refuge. Avec un résumé. Kampen 1967.

32 *Kretzer*, Harmut: Calvinismus und französische Monarchie im 17. Jahrhundert. Die politische Lehre der Akademien Sedan und Saumur, mit besonderer Berücksichtigung von Pierre Du Moulin, Moyse Amyraut und Pierre Jurieu. Berlin 1975. S. 406. = Historische Forschungen. Bd 8.

33 *Kretzer*: a. a. O. S. 420.

34 Lettres pastorales. 2. Jg. 10. Brief vom 15.1.1688. Rotterdam 1688. S. 236.

35 *Thirion*: Etude sur l'histoire du protestantisme à Metz et dans le pays Messin. Nancy 1884. S. 357.

36 Vgl. *Bopp*, Marie-Joseph: Die evangelischen Geistlichen und Theologen in Elsaß und Lothringen von der Reformation bis zur Gegenwart. Neustadt a. d. A. 1959. S. 119. = Genealogie und Landesgeschichte. Bd 1.

37 *Dietsch*: a. a. O. 1888. S. 302.

38 Vgl. *Bopp*: a. a. O. S. 372/373.

39 In allen Ausgaben – vgl. genaue Titelangabe im Quellennachweis zum Text – auf S. 50.

40 Widmungstext seines Werkes. *Cuvier*, Othon (Hrsg.): La persécution de l'église de Metz décrite par le Sieur Jean Olry. Paris 1859. S. 59.

41 Vgl. *Nessler*, Carl: Festschrift zur 300jährigen Jubelfeier der Wallonischen Gemeinde zu Hanau. Hanau 1897. *Wessel*, Arthur: Festschrift zur 300jährigen Jubelfeier der Niederländisch-Reformierten Gemeinde zu Hanau. 1. Juni 1897. Hanau 1897.

42 Vgl. *Könnecke*, Gustav (Bearb./Hrsg.): Hessisches Buchdruckerbuch. Marburg a. d. L. 1894. S. 169.

43 Die genealogischen Angaben in der Literatur – vgl. *Könnecke*: a. a. O. und *Kohlenbusch*, Lorenz: Pfarrerbuch der evang. unierten Kirchengemeinschaft („Hanauer Union") im Gebiet der Landeskirche in Hessen-Kassel. Darmstadt 1938. S. 5 u. ö. – differieren. Die Stationen seiner Tätigkeit sind anhand erhaltener Drucke der Zeit ermittelt worden.

44 Erstes Kirchenbuch der Deutsch-Reformierten Kirchengemeinde Hannover 1703–1761. S. 267.

45 Vgl. Artikel Klaute (Johann Balthasar). In: *Strieder*, Friedrich Wilhelm: Grundlagen zu einer hessischen Gelehrten- und Schriftsteller-Geschichte. Bd 7. Kassel 1787. S. 129–142.

46 Vgl. *Poirier*, F.-J.: Metz. Documents généalogiques. Paris 1899. S. 473–476.

47 Vgl. *Kadell*, Franz-Anton: Die Hugenotten in Hessen-Kassel. Darmstadt und Marburg a. d. L. 1980. S. 374–376. = Quellen und Forschungen zur hessischen Geschichte. 40.

48 Vgl. auch Notice sur Jean Olry in: *Cuvier*: a. a. O. S. 5–11.

49 Vgl. *Ermann/Reclam*: a. a. O. Bd 7. Berlin 1790. S. 23.

50 Vgl. Anm. 45. S. 133.

51 Vgl. von *Rommel*, Christoph: Zur Geschichte der französischen Colonien in Hessen-Kassel. Kassel 1857. S. 42.

52 Vgl. Bulletin de la société de l'histoire du protestantisme français. Paris 1858, 6. Jg., S. 309. 314.

53 Vgl. *Bopp*: a. a. O. S. 110.

54 Vgl. *Geisthardt*, Fritz: Braun, Karl Joseph Wilhelm. In: Neue deutsche Biographie. Bd. 2. Berlin 1955. S. 555.

55 *Braun*, Karl: Aus der Mappe eines deutschen Reichsbürgers, Bd 1. Hannover 1874. S. 106.

56 Vgl. *Bopp*: a. a. O. S. 372–373. Michaelis gilt als „bedeutender Kirchenhistoriker und Hymnologe".

57 Vgl. *Bopp*: a. a. O. S. 438–439.

58 Vgl. *Renouard*, Antoine Auguste: Annales de l'imprimerie des Estiennes. 2 Bde. Paris 1837–1838; Nachdruck: New York 1960.

59 Vgl. *Kimmel*, Helmut (Hrsg.): Hugenotten in der Pfalz. Festschrift zum 29. Deutschen Hugenottentag in Landau in der Pfalz 21.–24.9.1973. Braunschweig 1973. = Tagungsschriften des Deutschen Hugenotten-Vereins. (3. Bezug über die Geschäftsstelle des Deutschen Hugenotten-Vereins.)

60 Vgl. *Cronjaeger*, Hildegard: Verfolgung, Flucht und Vertreibung der Hugenotten unter besonderer Berücksichtigung des Zwischenasyls in der Schweiz. In: 300 Jahre Hugenotten in Hessen. Herkunft und Flucht, Aufnahme und Assimilation, Wirkung und Ausstrahlung. Ausstellung Museum Fridericianum Kassel 12. April bis 28. Juli 1985. Kassel 1985. S. 35–50.

61 In den Kirchlichen Nachrichten für die französisch-reformierte Gemeinde in Großberlin. 26.7.1925, [2. Jg.], Nr 29, S. 115 ist die folgende Randbemerkung abgedruckt: „Am 5. April 1850 haben Louis Gabain Vater und Louis Gabain Sohn diese schöne Brücke [in der Nähe von Lyon] aus der Zeit der Kreuzzüge unter dem zweiten unter 18 Brückenbogen passiert."

62 Vgl. *Jassoy*, Wilhelm (Bearb.): Erlebnisse einer Hugenottenfamilie. Kiel 1896. Vorwort S. V.

63 Vgl. *Bott*, Heinrich: Gründung und Anfänge der Neustadt Hanau 1596–1620. 2 Bde. Marburg a. d. L. 1970–1972. = Veröffentlichungen der Historischen Kommission für Hessen und Waldeck. 30.

64 *Jassoy*: a. a. O. Vorwort S. V.

65 Vgl. *Mazauric*: a. a. O. S. 43 ff.

66 Vgl. *Bode*, Carl: Geschichte der wallonisch-reformierten Kirchengemeinde zu Magdeburg. Magdeburg 1892. = Geschichtsblätter des Deutschen Hugenotten-Vereins. 1. Zehnt. H. 5. Die Wallonisch-Reformierte Gemeinde zu Magdeburg. Festschrift zur Feier ihres 250jährigen Bestehens in Magdeburg 1939. Magdeburg 1939.

67 Vgl. *Tollin*, Henri: Geschichte der französischen Colonie von Magdeburg. Jubiläumsschrift. 6 Bde. Halle bzw. Magdeburg 1886–1894.

68 Vgl. *Meyer*, Ralph: Geschichte der deutsch-reformierten Gemeinde zu Magdeburg von den Anfängen bis auf die Gegenwart. 2 Bde. Magdeburg 1914.

69 *Michaelis/Ribstein* (Hrsg./Übers.): „Als die Sterbenden und siehe wir leben!" Des Notars Olry Erlebnisse während der Schreckenszeit der Metzer evangelischen Kirche nach der Aufhebung des Edikts von Nantes. Von ihm selbst erzählt. Deutsche Ausgabe. Magdeburg 1914. S. 43–44. = Geschichtsblätter des Deutschen Hugenotten-Vereins. Bd 14. H. 4.

Aus dem Kloster in die Freiheit

Die Flucht der Marie du Bois

Drei junge Damen aus Metz – du Bois, du Clos und Coulés – planten gemeinsam die verbotene Ausreise aus ihrer Heimatstadt. Das erste Unternehmen endete bereits im benachbarten Courcelles-Chaussy. Während du Clos nach einem gescheiterten zweiten Versuch noch im Kloster eingesperrt war, erreichten die beiden anderen auf abenteuerlichen Wegen das erhoffte Refuge.

Über den Aufenthalt von Marie du Bois in Kassel, wo sie ihre Erlebnisse niedergeschrieben hat, liegen keine weiteren Nachrichten vor. Sie soll 1749 im Alter von 82 Jahren zu Berlin als Witwe des capitaine (Hauptmanns) Blaise de Dufort (im Regiment des Jacques Laumonier Marquis de Varenne aus Metz[1]) gestorben sein[2].

Die neue Übersetzung vermittelt den Lesern einen gewissen Einblick in den damaligen Sprachstil.

Das Verlangen, das ich hatte, Babylon [Metz] zu entgehen, um Gott in Gegenden anrufen zu können, wo ihm in Freiheit gedient wird, hat mich veranlaßt, das Wagnis zu unternehmen, mit meinen Gefährtinnen [Fräulein du Clos und Fräulein Coulés aus Metz], die den gleichen Entschluß gefaßt hatten, das Königreich ungeachtet der Verbote des Königs zu verlassen. Wir hatten kaum vier Meilen hinter uns gebracht, da hielt uns ein Trupp Reiter in einem Dorf namens Courcelles[3] an. Sie mißhandelten uns und waren dann so unmenschlich, uns auszuziehen und uns das bißchen Kleiderputz, das wir retten wollten, zu stehlen. Durch diesen Verlust sind wir sie losgeworden.

Einige Zeit danach, als die Dragoner immer grausamer wurden, beratschlagten wir nochmal, um eine Gelegenheit zu finden, ihrer Tyrannei zu entgehen. Es gab aber damals kein Mittel, zu entkommen; denn alle Wege waren zu sorgfältig bewacht. Aber hier ist, was wir uns ausdachten: Ein Fuhrmann, dem wir eine reichliche Belohnung versprachen, wenn er uns aus der Gefahr brächte, willigte ein, zwei ältere Mädchen und mich in ein Faß zu stecken, das er in Stoff einpackte. Es gab nur eine kleine Öffnung, durch die wir Luft holen konnten.

Ungeachtet der Unbequemlichkeit einer solchen Fuhre gab Gott uns Kräfte, drei Tage und drei Nächte in diesem beklagenswerten Zustand zu verbleiben. Es waren nur noch vier Stunden Wegs bis zur Rettung, als der elende Fuhrmann den Generalmarsch in der Garnison Homburg schlagen hörte, beim Lärm der Trommler arg erschrak und meinte, daß die Dragoner hinter ihm her wären. Was wir auch unternahmen, ihn zu ermutigen, unsere Bitten und unsere Tränen nützten nichts, er schirrte eins seiner Pferde ab, riß aus und gab uns den Bauern preis.

Wir krochen eine nach der anderen aus dem elenden Faß, gingen los, uns in einen Wald zu stürzen, wo wir von Bauern aufgegriffen wurden, die so grausam waren, uns vor den Gouverneur von Homburg, Herrn de la Bretesche[4], zu führen, der uns mit einer Eskorte von fünfundzwanzig Dragonern nach Metz zurückschickte. Gleich nach unserer Ankunft steckte man uns alle drei in getrennte Gefängnisse, wo man uns nach zwei Monaten auf Befehl des Königs dazu verurteilte, geschoren zu werden und auf Lebenszeit ins Kloster zu kommen. Ich wurde in das Ursulinerinnen-Kloster gebracht, wo ich zehn Monate blieb. Ich habe mich immer dem Herrn anbefohlen, der mir Kräfte und die Zuversicht verlieh, Dinge zu unternehmen, die den Lesern dieses Berichts unmöglich erscheinen werden.

In der Nacht also vom 17. August dieses Jahres [1687], nachdem ich mich Gott ganz besonders anbefohlen hatte, faßte ich den Entschluß, durch die Kammer zu gehen, wo zehn Pensionärinnen mich bewachten. Ich fand sie schlafend und wagte es, leise ihre Tür zu öffnen. Von da mußte ich durch ein Fenster, das zum Hof ging; jedoch hielten die Gitterstäbe mich einige Zeit auf. Einen davon feilte ich durch, und der andre zerbrach unter meinen Händen, als ich mit aller Gewalt daran zog, woraus ich schloß, daß Gott mein Vorhaben unterstützte. Als dieses Hindernis beseitigt war, sprang ich aus diesem Fenster hinaus, das ziemlich hoch war, ohne mir weh zu tun, bei entsetzlichem Donner und Regenwetter. Hierauf stieg ich in einen Hof hinab und von da in einen Garten, dessen Tür mit einem Vorhängeschloß versehen war, das ich leicht abreißen konnte; es war nicht sehr groß. Ich fand dort ein Stück Leinwand, das zum Bleichen ausgebreitet war. Das diente mir dazu, mich damit zu umgürten und sacht eine sehr hohe Mauer hinabgleiten zu lassen, an deren Fuß die Mosel fließt. Ich stieg in diesen Fluß, der mir bis zum Hals reichte, und bei geringerer Größe wäre ich wahrscheinlich darin ertrunken. Nachdem ich ihn glücklich durchquert hatte, ging ich aufs Geratewohl zu guten Glaubensgenossen, die mich aus christlicher Liebe aufnahmen.

Am nächsten Morgen bei Tagesanbruch benachrichtigten die Nonnen den Gouverneur, daß ich ihnen entwischt war. Meine Flucht erregte großes Aufsehen in der ganzen Stadt. Meine Glaubensgenossen dankten Gott für mein Glück, und die anderen spuckten Feuer und Flammen gegen mich. Die Dragoner, denen man zehn Louisd'or für meine Entdeckung versprochen hatte, bekamen den Befehl, alle Häuser zu durchstöbern. Glücklicherweise kamen sie nicht gleich dahin, wo ich versteckt war. Mittlerweise wurde die Trommel allerorten geschlagen, und man verbot im Namen des Königs jedermann, wer es auch sei, mich in ihre Häuser aufzunehmen, bei Galeerenstrafe und Einzug des Vermögens für Männer und Kloster für die Frauen.

Ich war schließlich gezwungen, an zwei andere Orte überzuwechseln, wo die Soldaten schon gesucht hatten, aber ich mußte mich als Bäuerin verkleiden und manchmal als Mann. Die Schwierigkeit bestand darin, durch die Stadttore zu gelangen; denn die wachhabenden Offiziere hatten Befehl, verkleidete Personen aufspüren zu lassen. Ungeachtet ihrer Aufmerksamkeit kam ich als Bauer gekleidet durch, indem ich zwei Damen folgte, die mich dahin brachten, wo ein Führer mich erwartete. Ich hatte einen Tragkorb auf dem Rücken mit einem Faß darauf und einen Korb am Arm. In dieser Aufmachung marschierte ich eine Meile, bis ich den Führer traf, der auf mich wartete. Ich verließ die beiden guten Damen, die mich dem Schutz des Herrn befahlen, und stieg aufs Pferd.

Wir hatten auf Umwegen kaum zwanzig Meilen zurückgelegt, als wir nach Charleville[5] kamen, wo man uns einige Zeit am Tor aufhielt. Mein Führer sagte, daß ich sein Knecht sei. Darauf konnten wir weiterziehen nach Marche-en-Famine[6], wo wir vor den Gouverneur geführt wurden, der mich in Gegenwart einer Menge Offiziere durch einen deutsch sprechenden Dragoner verhören ließ. Ich antwortete ihm, daß ich Deutscher und Knecht des Führers sei. Die deutsche Sprache, die ich ziemlich gut kann, zog mich aus der Affäre; ich kam mit der Angst davon. Er ließ mich gehen, ohne mich weiter auszufragen.

Von da aus gingen wir in einem Dorf essen, wo wir luxemburgische Häscher vorfanden, die den Wirt in meiner Gegenwart fragten, ob er nichts von einer Nonne gehört habe, die sich aus einem Metzer Kloster gerettet habe, und daß sie gekommen seien, bis zu den Toren von Lüttich nach ihr zu suchen. Sie fügten dem noch hinzu, daß andere Häscher mit der gleichen Absicht auf andern Wegen seien und daß jeder von ihnen zehn Pistolen [Goldstücke] bekäme, wenn sie sie fänden. Sie können sich denken, mein Herr, wie mich diese Unterhaltung erschreckte. Aber Gott, der mir überall Kraft verliehen hatte, beruhigte mich auch bei dieser letzten Probe. Überdies forderten sie mich auf, weil sie mich tatsächlich für einen Knecht hielten, ihre Pferde zur Tränke zu führen, ich bekäme zwei Petermänner[7] Trinkgeld dafür. Ich tat das, ohne zu überlegen, und führte ein anderes Pferd an der Hand.

Nach der Rückkehr sagte ich zu meinem Führer, daß für mich große Gefahr bestehe und daß wir Lüttich erreichen müßten. Das taten wir, immer im Galopp bis dorthin. Nach der Ankunft dankte ich meinem Führer und sagte ihm, daß ich die Nonne sei, um die man so viel Geschrei gemacht habe. Nie gab es eine Überraschung wie die seine, mein Herr. Er sagte zu mir, wenn er gewußt hätte, daß ich wirklich diese Nonne war, dann hätte er mich nicht für 1000 Pistolen [Goldstücke] geführt. Von Lüttich kam ich nach Maastricht, wo ich das Glück hatte, von allen rechtschaffenen Leuten ausgezeichnet aufgenommen worden zu sein. Von da bin ich glücklich nach

Kassel gelangt, zur Zufriedenheit meiner nahen Verwandten, die Gott für meine Befreiung danken.

Ich bescheinige, daß alles, was dieser Bericht enthält, wahr ist. Geschehen zu Kassel am 28. November 1687.

Marie du Bois

Deutsche Übersetzung von Hildegard Cronjaeger

Anmerkungen:

1 Vgl. die biographischen Angaben bei *Cuvier,* Othon (Hrsg.): La persécution de l'église de Metz décrite par le Sieur Jean Olry. 2. Ausg. Paris 1859. S. 82–83. Anm. 1.

2 Vgl. *Erman,* Jean Pierre / *Reclam,* Pierre Chrétien Frédéric: Mémoires pour servir à l'histoire des réfugiés françois dans les états du roi. Bd 7. Berlin 1790. S. 264–265. Dieselbe Angabe findet sich im Artikel du Bois (Marie) bei *Haag:* La France protestante. Bd 4. Paris 1853; Nachdruck: Genf 1966. S. 325–326. Das Datum aus Erman/Reclam hat – leider ohne genealogische Recherchen – übernommen *Dietsch:* Die evangelische Kirche von Metz. Wiesbaden 1888. S. 305. Dagegen behauptet *Michaelis:* Metz – ein altes Bollwerk des Protestantismus. Essen 1941. S. 13, daß Marie du Bois „Hochbetagt" in Kassel verstorben sein, ohne jedoch einen Beleg zu nennen. Jedenfalls bietet *Dreusicke,* Hugo: Die französischen Gemeinden in Kassel 1687–1867. Frankfurt a. M. 1962. = Deutsche Ortssippenbücher. Bd 27. keinerlei Hinweise.

3 Heute 57155 Courcelles-Chaussy, Dep. Moselle.

4 Esprit Jousseaume de la Bretesche war zugleich Kommandant der Saarprovinz. Vgl. *Cuvier:* a. a. 0. S. 84. Anm. 1.

5 Wahrscheinlich 08105 Charleville-Mézières, Dep. Ardennes.

6 Die Stadt liegt im heutigen Belgien.

7 „Kurtriersche Silbermünze des 17. und 18. Jahrhunderts mit dem Brustbild des Apostels Petrus auf Wolken [...]." Meyers großes Konversations-Lexikon. 6. Aufl. Bd. 15. Leipzig 1906. S. 654–655.

Quellennachweis:

Der Verbleib des Originalberichts ist unbekannt; die zeitgenössische Publikation erschien in:

[*Jurieu*, Pierre]: Lettres pastorales adressées aux fidèles de France qui gémissent sous la captivité de Babylon. 2. Jg. 10. Brief vom 15.1.1688. Rotterdam: Abraham Acher 1688. S. 236–240.

Vollständiger Abdruck des oben genannten französischen Textes in:

Thirion, Maurice: Etude sur l'histoire du protestantisme à Metz at dans le pays Messin. Nancy 1884. S. 357–361.

Deutsche Übersetzung in:

Dietsch, Johann Friedrich: Die evangelische Kirche von Metz. Wiesbaden 1888. S. 303–305.
Die 2. Aufl. – Metz 1910 – enthält auf den S. 276–277 nur einen knappen Hinweis auf die Erlebnisse der Marie du Bois.

Kurzbericht in:
Tollin, Henri/*Dietsch*, Johann Friedrich: Geschichte der Hugenotten von Metz. Madgeburg 1900. S. 41–42. = Geschichtsblätter des Deutschen Hugenotten-Vereins. 10. Zehnt. H. 1/2.

Wiedergabe der Übersetzung von Dietzsch in den folgenden Veröffentlichungen:
Michaelis, Otto: Aus der Metzer evangelischen Gemeinde. Metz 1906. S. 47–50; 2. Aufl. 1911. S. 47–50. = Volksschriften für das evangelische Lothringen. H. 1. Unveränderte Übernahme der 2. Aufl. Madgeburg 1914. S. 47–50. = Geschichtsblätter des Deutschen Hugenotten-Vereins. Bd 14. H. 3.

Michaelis, Otto: Ein hugenottisches Heldenmädchen. In: *Michaelis*, Otto (Hrsg.): Die evangelische Kirche in Lothringen in Vergangenheit und Gegenwart. Metz 1917. S. 35–37.

Michaelis, Otto: Metz – Kassel In: *Michaelis*, Otto: Metz – ein altes Bollwerk des Protestantismus. Essen 1941. S. 10–13.

Übernahme des vorstehenden Wortlauts unter der Überschrift „Fluchtbericht der Marie du Bois aus Metz" in:
Desel, Jochen/*Mogk*, Walter (Hrsg.): Hugenottischer Almanach 1685–1985. Tagungsschrift zum 34. Deutschen Hugenottentag vom 12. bis zum 14. April Kassel im Gedenken an die 300. Wiederkehr der Aufhebung des Ediktes von Nantes und die Einwanderung der Hugenotten in Deutschland. Sickte 1985. S. 97–99. = Tagungsschriften des Deutschen Hugenotten-Vereins. Nr 8.

Von Metz über Amerika nach Kassel

Die Erlebnisse des Notars Jean Olry

Nach der Rückkehr zum reformierten Bekenntnis und der endgültigen Niederlassung im deutschen Refuge legte Jean Olry (1623–1706/07)[1] Rechenschaft über die Liquidation der Metzer Hugenottenkirche und die eigenen Erfahrungen als Konvertit in seiner Vaterstadt (bis 1687) bzw. im französischen Exil ab. Es entstand das umfangreiche und zugleich eindrucksvolle Zeugnis eines Mannes, der als Rechtsanwalt beim Metzer Parlament und Notar zu den angesehenen Bürgern zählte und dem seine Kirchengemeinde das Laienamt eines diacre (Diakonen) anvertraut hatte.

Auch in Kassel übernahm Olry bald leitende Aufgaben: als Mitglied der Französischen Kommission (der für die Réfugiés eingerichteten Verwaltungsstelle) und Kommissar für französische Angelegenheiten seit 1691, als Richter der Kasseler Oberneustadt seit 1698 und zugleich als dortiger Polizeikommissar seit 1700[2].

Erlebnisse in Metz[3]

Am 20. Oktober des Jahres 1685 gegen fünf Uhr nachmittags begab sich der Generalprokurator des Parlaments von Metz gemäß der königlichen Befehle, die er von diesem hohen Gericht erhalten hatte, nach unserer Kirche. Diese hatte uns erst vor einigen Jahren der König ausdrücklich überlassen. Er verschloß ihre Türen sowohl als auch alle Behälter, worin die kirchlichen Gewänder und Gerätschaften aufbewahrt wurden, mit Vorhängeschlössern. Der Küster gab davon sofort Nachricht an unsere Pfarrer, welche mit den Kirchenältesten und den angesehensten Familienhäuptern bei Herrn Ancillon, dem ältesten Diener des Wortes Gottes zusammentraten, um dort zu vernehmen, in welchen bedauerlichen Zustand unsere Metzer Kirche plötzlich versetzt war. Es wurde beschlossen, sofort eine Abordnung zum König zu schicken, und die dafür gewählten zwei Kirchenältesten reisten am anderen Morgen, einem Sonntag, ab. Man benutzte die Nacht, um die Gläubigen zu benachrichtigen und ihnen zu bedeuten, daß sie nicht zur Kirche gingen, sondern jedermann zu Hause zum Herrn betete, um sonst unvermeidliche öffentliche Unruhen zu verhindern.

Allein die Abordnung hatte keinen wesentlichen Erfolg, und, da sich das Gerücht hiervon in der Stadt verbreitete, gab es Seufzen und Wehklagen auf der einen, Spott und Übermut auf der andern Seite. Einige Gläubige, welche die Leiden, die da kommen würden, voraussahen, veräußerten, was zu veräußern war, um die Stadt zu verlassen und ihr Gewissen in Sicherheit zu bringen an einem Ort, wo die Flamme des wahren Evangeliums noch unbehindert leuchten durfte. Sie schlichen sich aus der Stadt, mieteten Wagen in den nächsten Dörfern und überließen sich dann der weisen Leitung der göttlichen Vorsehung, die sie zu fremden Fürsten an sichere Orte führte, wo sie Unterkunft fanden.

Am 22. des genannten Monats, morgens um neun Uhr, wurde in öffentlicher Sitzung des Metzer Parlaments der Kabinettsbefehl des Königs vom 17. Oktober, der die Edikte von Nantes und von Nîmes widerruft, alle früher der reformierten Kirche bewilligten Rechte zurücknimmt, die Zerstörung aller evangelischen Kirchen und die Unterdrückung der Religion befiehlt, verkündigt und auf Antrag des Generalprokurators einregistriert. Dann gab der oberste Gerichtshof den Befehl, unsere Kirche zu zerstören nebst allen Gebäuden, die zu ihr gehören. Sofort machte sich ein großer Volkshaufen daran, das gottlose Werk auszuführen. Sie kamen mit Hämmern, mit Hacken, mit Keilhauen, mit Äxten, mit Beilen und anderen Instrumenten, rissen das Dach und die Mauern nieder und schlugen alles in Stücke. Auch das Gestühl der Pfarrer und die Emporen wurden nicht verschont. Nur die Bänke, Stühle und Damensitze trugen sie in die Kirchen unserer Verfolger, um sie von nun an dort selbst zu benutzen. Am Abend desselben Tages war schon keine Spur der Kirche mehr übrig.

Während die Papisten sich solchen Belustigungen hingaben und einige von uns diesem Schauspiel mit Tränen in den Augen zusahen, packten andere, was sie Wertvolles hatten, zusammen und machten sich mit ihren Frauen und Kindern unter dem Beistand des Heiligen Geistes auf den Weg nach Deutschland. Gott gab, daß sie das Ziel erreichten und dort eine Zuflucht fanden, deren sie sich noch heute erfreuen.

Aber schon am folgenden Morgen [Mittwoch] hatte man auf Betreiben der katholischen Geistlichkeit überall Wachen ausgestellt, damit unsere armen Brüder nicht mehr die Stadt verlassen könnten. Man hatte ringsum auf den Dörfern die Bauern beordert, über Weg und Steg zu wachen. Alle Leute, welche versuchen sollten, nach fremden Ländern zu ziehen, sollte man festnehmen und als Gefangene in die Stadt zurückführen. Auch kam einige Tage danach ein Befehl des Königs, wenn jemand ergriffen werde in Ausführung der Absicht, das Königreich zu verlassen, der solle zu den Galeeren verurteilt, den Frauen und Kindern aber sollte erst das Haupt kahl geschoren und dann sollten sie in ein Kloster gesteckt werden.

Aber alles das half nichts, sondern verstärkte nur die Absicht, sich der Glaubensverfolgung zu entziehen. Die Verwirklichung derselben ist einigen gelungen; anderen widerfuhr dies Glück nicht. Gefangen genommen und in die Stadt zurückgebracht, wurden sie zum Teil auf die Galeeren geschickt, zum Teil ins Gefängnis geworfen. Sie entkamen später von dort und entrannen so der Wut ihrer Feinde. Die Frauen und Mädchen, die in die Klöster getan wurden, sind bis jetzt dort geblieben, wo sie durch ihre Standhaftigkeit und Festigkeit Gott die Ehre geben zum großen Erstaunen derer, die sie dort festhalten.

Während dieser langen Schreckenszeit belustigten sich die Bediensteten der katholischen Geistlichen über unser Elend, und die Straßen von Metz wimmelten von übermütigen Soldaten, die sich laut rühmten, es werde nicht lange dauern, bis sie die Erlaubnis erhielten, unsere Häuser zu plündern und uns selbst abzuschlachten, wenn wir nicht römisch-katholisch würden und zur Messe gingen. Zu spät erinnerten wir uns nun, daß unsere guten Pfarrer uns seit langem all das Unheil, das von allen Seiten nun über uns hereinbrach, vorausgesagt hatten. Unser Schmerz verdoppelte sich, als wir daran dachten, daß man sie bald uns wegnehmen und uns so des Trostes berauben würde, der uns so notwendig war. Aber der König wollte es, und wir hatten zu gehorchen. Als die Stunde ihrer Abreise kam, umarmten wir zum letzen Male die Männer Gottes. Sie aber segneten uns und ermahnten uns, standhaft im Glauben auszuharren. In Buße sollten wir unser Leben bessern und unsere ganze Zuversicht auf die Barmherzigkeit Gottes setzen. Er werde in kurzer Zeit uns aus dieser großen Not befreien, wenn wir ihm die Treue hielten.

Als unsere treuen Pfarrer von uns geschieden waren, empfanden wird alle mit Schmerzen diesen großen Verlust. Da gab es viele Tränen und Seufzer. Wir machten uns an das Lesen und Betrachten der Heiligen Schrift und suchten, was wir bis dahin vernachlässigt hatten, in guten Schriften nach Trost, der unser niedergeschlagenes Gemüt erquicken und uns dazu helfen könnte, Gottes Zorn zu besänftigen.

Unsere übrigen Mitbürger aber, welche uns vormals wohlgeneigt zu sein schienen, beleidigten uns auf das Unverschämteste überall, wo sie uns begegneten, sei es auf der Straße oder auf öffentlichen Plätzen und traktierten uns als „verdammte Ketzer", „Calvinisten", „Schismatiker" und „Rebellen, die dem König den Gehorsam weigerten". Was sollten wir diesen Fanatikern auf ihr unsinniges, liebloses Gerede antworten? Wir schwiegen zu allem und flehten still im Herzen Gott um Beistand an in den Leiden, die er gut befunden, damit wir alle den Schimpf ertragen könnten, den wir wohl verdient hatten.

Auch ließ es Gott zu, daß sich um dieselbe Zeit in der Stadt das Gerücht verbreitete, die Anhänger des reformierten Glaubens wollten Feuer in ihren Häusern legen und dann sich im Tumult durchschlagen. Das gab nun großes Geschrei und Aufruhr bei den Papisten. Die ganze Stadt geriet dadurch in Verwirrung. Die ganze Garnison wurde alarmiert, und überall lagen Wachen, besonders aber in den Abteien, in den Klöstern und in den Häusern des Klerus. Das veranlaßte den Intendanten des Königs, mehrere Mitglieder unserer Gemeinde zu sich zu entbieten, vor welchen er Beschwerde führte wegen der Drohung mit dem Feuer und versicherte, der König meine es gut auch mit seinen protestantischen Untertanen und er schenke ihnen sein ganz besonderes Wohlwollen. Mit solchen honigsüßen Worten und anderen trügerischen Versprechungen und Schmeichelreden schläferte er unsere armen Brüder ein und hinderte sie, bei Zeiten auf ihre Flucht bedacht zu sein. Sie schenkten leider diesen gefährlichen Sirenengesängen Gehör, welche sie später in ein ganzes Meer von Unglück und Elend stürzten.

Wenn das Feuer zufällig in irgendeinem Kamin ausbrach, sah man Haufen von Soldaten und Bürgern herbeilaufen, um zu erfahren, ob das Feuer durch eine unglücklichen Zufall oder durch Brandstiftung verursacht war. Durch Gottes Willen kam es nicht dazu, daß einer dieser Brände von Reformierten angezündet worden war. Sie hätten sicher arge Unverschämtheiten zu erdulden gehabt, wenn ihnen dieses Mißgeschick zugestoßen wäre.

Gleichwohl faßte um jene Zeit doch eine erhebliche Anzahl von bedeutenden Mitgliedern der Gemeinde den Entschluß, sich unter dem Schutz mehrerer Offiziere und adeliger Begleiter unseres Bekenntnisses nach der deutschen Seite durchzuschlagen. Ein großer Haufe von Frauen und Jungfrauen, Müttern und Kindern schloß sich ihnen an. Sie wollten lieber Besitz, Reichtum und Behagen opfern, als länger die geistliche Nahrung entbehren, welche man ihnen entzogen hatte. Sie achteten Schimpf und Elend geringer, als daß sie länger in diesem Geistes-Ägypten bleiben sollten, um dessen Fleischtöpfe zu genießen. Sechzig Personen zählend, machten sie sich auf den Weg. Sie legten mehrere Stunden glücklich zurück, da enteckte sie ein Dorfschulze und erstattete Herrn de la Bretesche, Gouverneur von Homburg [und Kommandant der Saarprovinz] Anzeige. Der Kommandant setzte die Garnison in Bewegung und befahl insbesondere seinen Dragonern, sich in Hinterhalt zu legen in einem Wald auf dem Weg nach Kaiserslautern, den die Flüchtigen notwendig passieren mußten. Dann ließ er alle seine Offiziere zu Pferde steigen und griff mit diesen die Unsrigen auf der Straße an. Sie verteidigten sich tapfer. Als aber plötzlich die Dragoner mit großem Geräusch aus dem Hinterhalt brachen, da glaubten sie sich verloren;

denn die Mehrzahl von ihnen waren Frauen und Kinder. Sie schrien: „Sauve qui peut!" [Rette sich, wer kann!] Der Schreck und das Durcheinander waren groß. Die einen retteten sich durch die Schnelligkeit ihrer Pferde; die anderen warfen sich in das Gehölz und in die Hohlwege, wurden aber da gefangen und nach Homburg geführt. Dort erfuhren sie durch den Gouverneur und Kommandanten dieser Festung die beste Behandlung. Hier war es, wo einige abschworen. Später aber gab Gott ihnen Gnade, daß sie sich von ihrem traurigen Fall wieder erhoben. Er führte sie an Orte, die ihnen als Zufluchtsstätten dienten und wo sie im Überfluß die geistliche Speise fanden, die sie suchten.

Das ist in gedrängter Kürze, was sich am Ende dieses Unglücksmonats Oktober zutrug.

Am ersten Tag des Monats November 1685 ließ mich der Gerichtspräsident Colbert auf ein Uhr mittags zu sich bestellen. Als ich mich hinbegeben hatte, eröffnete er mir, er habe einen königlichen Befehl, mir die fernere Ausübung meines Amtes als Notar zu untersagen auf so lange, bis der König es anders befände. Dasselbe Verbot erging an demselben Tag auch an alle übrigen Prokuratoren, Advokaten und Notare. Man hatte wohl gehofft, es werde einige der Beamten bestimmen, zur römischen Kirche überzugehen und die Messe zu besuchen. Allein man sah sich getäuscht. Einige Tage später sandten sie Richter des dem Metzer Parlament übergeordneten Gerichts, begleitet vom Prokurator des Königs, von Gerichtsschreibern und Gerichtsdienern, in unsere Kanzleien, wo sie alle unsere Register und Akten versiegelten und uns heftig vermahnten: Wir möchten uns dem Willen des Königs unterwerfen, der durchaus verlange, daß wir römisch-katholisch würden. Er wolle nur noch seine Religion in seinem Reiche dulden. Träten wir über, würde er uns mehr als seine anderen Untertanen achten. Wir und unsere Familien würden dadurch jede Ehre und jeden Vorteil erhalten.

Alle diese schönen Scheinversprechungen dienten zu nichts und konnten uns in unserm Entschluß nicht erschüttern, lieber unser Amt im Stich zu lassen, als etwas wider das Gewissen zu tun. Wie glücklich wären wir, wenn wir fest geblieben wären in dem, was wir damals begannen! Man mußte also zu einem anderen Gewaltakt übergehen und ließ unsere Schreibstuben zum Besten der Staatskasse zu guten Preisen versteigern, die man aber, statt sie an uns auszuliefern, unterschlug.

Dann aber stellte man an einem jeden Tor der Stadt eifrige Mitglieder von Brüderschaften auf mit dem Auftrag, keinen Protestanten hinauszulassen, der nicht einen Passierschein des Platzmajors habe, und man quartierte bei allen Mitgliedern unserer Gemeinde Offiziere und Soldaten ein, die als streitsüchtig und unverschämt galten.

Auch ich erhielt eine Probe davon. Es erschien bei mir mit dem Einquartierungsschein ein Hauptmann in sehr schlechter Laune, welcher in Gemeinschaft mit seinen Dienern solche Unverschämtheiten beging, daß ich öfters in Versuchung war, mich an ihm zu vergreifen. Einmal geriet einer dieser Leute in eine solche Wut, daß er meine Tochter erfaßte und mit aller Gewalt versuchte, sie in den Ziehbrunnen im Hofe zu stürzen, was ihm auch gelungen wäre, wenn meine Frau sie ihm nicht wieder entrissen hätte. Wenn ich mich mit Beschwerden an ihre Vorgesetzten wandte, so erwiderte man mir einfach: Ich besäße ja ein Mittel gegen alle diese Leiden, nämlich, daß ich katholisch würde, wie der König es wünsche. Als ich meiner Frau und meiner Tochter erzählte, wie wenig Gerechtigkeit wir von unseren Feinden zu erwarten hätten, entschlossen wir uns, die Geduld zu üben, zu der Gott uns aufrief, der uns von allem erlösen würde, wenn er die Zeit für gekommen hielt. Er würde unser Vertrauen nicht zu schanden werden lassen. Hatten wir doch schon vierzig Jahre lang Militär beherbergt und waren wir niemals von dieser argen Last verschont worden, die uns recht viel Schaden und recht viele Unannehmlichkeiten bereitet hatte.

Alle diese Tage hindurch strotzten sämtliche Straßenecken von Plakaten und Bekanntmachungen, die unter dem Schall von Trommeln und Trompeten angeheftet wurden und Drohungen gegen uns enthielten oder uns die früher bewilligten Rechte und Freiheiten entzogen. In diesem Unglück waren Tränen unsere Speise Tag und Nacht. Wahrhaftig sonderbare Mittel, um uns zu bekehren und uns eine Religion liebenswert zu machen, in der wir, wie uns verheißen wurde, Frieden für unsere Herzen finden sollten! War das nicht eine Wiederholung der grausamsten Verfolgungen vergangener Zeiten? Wir stellten diese Bedrückungen dem anheim, der allein recht richtet.

Unsere Mitbürger empfanden mit uns keinerlei Mitleid. Ihnen fehlten alle Gefühle der Barmherzigkeit den Menschen gegenüber, die ihnen in Zeiten des Glücks viel Liebe und Freundschaft erwiesen hatten. Jetzt gellten in unseren Ohren nur Schmährufe wie „Ihr seid verstockte Menschen, die dem Könige nicht gehorchen wollen. Werdet gute Katholiken und man wird euch mehr denn je achten!" Wenn wir unsere Wohnungen verließen, um unsern Geschäften nachzugehen, fanden sich immer Leute, die nach scheinheiliger Begrüßung Gespräche über religiöse Fragen anfingen. Sie stellten aber so törichte und lächerliche Fragen über Glaubenslehren, daß wir darauf verzichteten, ihnen zu antworten, und ihnen den Rat gaben, die Heilige Schrift zu lesen, bevor sie sich unterfingen, mit Leuten darüber zu disputieren, die die Bibel seit ihrer Kindheit kennen. Doch diese Leute wollten zeigen, daß sie in ihrer Religion gut Bescheid wußten, und wollten diese durch die Überlieferung und durch die Schriften der Kirchenväter als richtig erweisen. Aber wir brachten sie zum Schweigen. Wir sagten ihnen mit unserm Heiland, daß die Menschen ihn nicht durch Menschensatzungen und Menschengebote ehren könnten, und fügten hinzu, daß die von ihnen angeführten Stellen gefälscht oder falsch wären. Wir bewiesen ihnen das leicht, indem wir ihnen zeigten, daß sie mit klaren Worten der Heiligen Schrift im Widerspruch stünden.

Während die Katholiken eifrigst solche Auseinandersetzungen mit uns suchten und führten, kamen oft einige ihrer Glaubensgenossen hinzu und nahmen erst schweigend, dann redend lebhaften Anteil daran. Aber sie gerieten selbst miteinander in Streit und erweckten unser Mitleid. Als sie merkten, daß sie uns keinen Irrtum nachweisen konnten, sahen sie uns mit Augen voll leidenschaftlichen Hasses an und verließen uns unter Flüchen und Beleidigungen. Sie drohten uns, wir würden es selbst zu bereuen haben, daß wir uns weigerten, in eine Kirche einzutreten, die uns mit offenen Armen empfangen würde und in der unsere Väter gelebt hätten. Ob wir denn klüger sein wollten als sie? Ob wir denn meinten, daß unsere Väter ewig verdammt seien, die im Schoß dieser Kirche gestorben seien? Wenn wir ihnen Bibelstellen vorhielten, durch die sie ihrer Unwissenheit und ihres Mangels an gutem Willen überführt werden sollten, dann machten sie sich aus dem Staub, da sie nichts zu sagen wußten, und riefen die Väter der Gesellschaft Jesu zu Hilfe. Diese gaben ihnen schriftliche Antworten, mit denen sie zu uns zurückkehrten. Aber es half ihnen nicht viel, denn wir wiesen ihnen nach, daß es nur haltlose Spitzfindigkeiten waren. Wir schlugen sie mit den Waffen der Heiligen Schrift. Infolgedessen gaben sie es schließlich auf, uns in Glaubensfragen auszufragen. Sie beschränkten sich darauf, uns zu erklären, daß wir Querköpfe und verfluchte Ketzer seien.

Da man uns aber keine Ruhe gönnte, ließen unsere Feinde ein Edikt veröffentlichen, durch welche sie die Väter und Mütter für die Flucht ihrer Kinder verantwortlich machten. Man bezog sogar diejenigen Eltern mit ein, deren Kinder sich schon vor der Aufhebung des Edikts von Nantes im Auslande befanden. Die betreffenden Eltern, ehrenwerte und zum Teil bereits betagte Leute, wurden in die Gefängnisse der Stadt geworfen, um sie zu zwingen, ihre Kinder zurückkommen zu lassen. Aber als dies Mittel nichts fruchtete, schenkte man ihnen die Freiheit wieder, nicht ohne ihnen große Verluste an ihrem Vermögen zuzufügen und in der Absicht, sie später für längere Zeit wieder einzukerkern und sie geschäftlich zu Grunde zu richten.

Zu diesem Zweck hielt der „Gewissensrat" [die königliche Kirchenbehörde] es für ratsam, sich des Sakraments der Messe zu bedienen. Sie trugen die Hostie an Markttagen durch die Straßen und über die Plätze und sahen es dabei auf unsere Glaubensgenossen ab. Verweigerten sie den Gruß, so sollte es ihnen teuer zu stehen kommen! Dieser glänzende Gedanke erwies sich als äußerst fruchtbar. Wenn sie den Herrgott aus der Kirche trugen, was sie dem Volk durch Glockengeläute anzeigten, ließen sie auch zuweilen das Geläute des Glöckchens weg, das sonst das Nahen des Allerheiligsten verkündete, und überraschten so unsere armen Brüder, die keine Zeit fanden, sich rechtzeitig zu entfernen. Nun konnten sie die Unsrigen anklagen, daß sie absichtlich davon gelaufen wären oder die dem Sakrament geschuldete Ehrerbietung verweigert hätten. Dem Ankläger glaubte man seine Behauptung ohne weiteres und verurteilte die Angeklagten zu großen Geldstrafen, die sie sofort zu bezahlen hatten. Andere wurden ins Gefängnis geworfen. Auch sehr angesehene Bürger wurden hier lange Zeit hindurch festgehalten, was ihnen große Kosten verursachte, obwohl sie erklärt hatten, weder das Glöckchen gehört, noch die Hostie oder den Priester, der sie trug, gesehen zu haben. Es war genug, daß sie angeklagt waren. Man wollte das Volk einschüchtern, indem man die angesehensten aus seiner Mitte bestrafte. Infolge dieser Maßnahme verbreitete sich beim Klang des Glöckchens ein gewaltiger Schrecken. Wenn das Nahen der Stadtkarren, die den Unrat von den Straßen entfernen sollten, durch Geklingel sich ankündigte, flohen die Dienstboten in die Häuser, um ihren Lohn zu retten, den man ihnen aus den Händen ihrer Herren pfänden ließ, wenn sie zu einer Geldstrafe verurteilt wurden.

In die Gefängnisse, in denen unsere Brüder zurückgehalten wurden, schickte man den Staatsanwalt und andere hohe Beamte, um sie durch Schmeicheleien oder Drohungen zum Übertritt zu bewegen. Als sie sahen, daß ihre Liebesmühe umsonst war, trugen sie barmherziges Wesen zur Schau, beehrten die Frauen der armen Gefangenen durch ihre Besuche und versicherten ihnen, ihre Männer würden niemals zu ihnen zurückkehren, wenn sie nicht vorher abgeschworen hätten. In der Hoffnung, daß diese Drohungen die armen Frauen einschüchtern würden, erlaubte man ihnen, ihre Männer in den Gefängnissen zu besuchen, während man ihnen früher diese Befugnis verweigert hatte, so sehr sie auch darum baten. Einige Zeit später besuchten sie die Gefangenen wieder in der Hoffnung, daß sie die Aussicht, Frau und Kinder wiederzusehen, mürbe gemacht haben würde. Aber zu ihrem Erstaunen mußten sie erleben, daß die Gläubigen ihnen bestimmt erklärten, sie würden ihrem Glauben nicht untreu werden, da dieser nichts lehre, was nicht in der Heiligen Schrift befohlen sei. Ja sie wagten es sogar, sich über die Unmenschlichkeit zu beklagen, durch die ihre Gegner dem Christennamen Schande bereiteten. Darüber waren diese Fanatiker sehr verdrossen. Sie ließen schließlich unsere armen Glaubensgenossen zu ihren Familien zurückkehren, nachdem sie lange unter großen Vermögensverlusten im Gefängnis geblieben waren.

Was mich anbelangt, so wurde ich damals noch nicht in das Gefängnis geworfen, vielmehr war es mir vorbehalten, erst später die Verfolgung zu erleiden. Sie begann damit, daß man mich anklagte, ich hielte religiöse Konventikel bei mir und gehe in der Stadt von Haus zu Haus, um meine Glaubensgenossen zur Standhaftigkeit zu ermahnen und sie abzuhalten, pflichtschuldigst den Willen des Königs zu erfüllen. Das war der falsche Vorwand, den sie zur Durchführung ihres Entschlusses benutzten, mich mit meiner ganzen Familie zugrunde zu richten. Ich erfuhr dies durch einige katholische Freunde, die mich warnten, ich möge mich gegenüber solchen Verdächtigungen in Acht nehmen. Ich wurde also auf die schwarze Liste der Ordensgeistlichen gesetzt als ein vorbestrafter, verstockter Aufrührer, dessen man sich möglichst schnell entledigen müsse. Man beschuldigte mich, daß ich ihre Predigten verachtet und erklärt hätte, ich würde weder jemals der Messe beiwohnen noch meinem Glauben untreu werden, in dem ich leben und sterben wolle. Man werde infolgedessen viele Mittel finden, um mich in wenigen Tagen zugrunde zu richten. Ich beklagte mich gegenüber einigen Katholiken über das Unrecht, das man mir zufügte, und, da diese mir immer freundschaftliche Gesinnung bekundet hatten, verschob man wohl aus Rücksicht auf sie die Züchtigung, die man mir zugedacht hatte. Jedoch beobachtete man mich mehr als je. Man achtete auf die Wohnungen, die ich besuchte, und die Personen, mit denen ich Gespräche führte.

Als mich hiervon meine Frau und meine ältere Tochter benachrichtigten, gelangten wir zu dem Ergebnis, es sei Zeit, an unsern Rückzug zu denken und dadurch den Leiden aus dem Wege zu gehen, welche uns drohten. Von diesem Augenblick an waren wir bemüht, die Mittel zusammenzubringen, um Fluchthelfer zu bezahlen und die Reise und den ersten Aufenthalt in der Fremde zu bestreiten. Wir begannen damit, alles entbehrliche Mobiliar zu veräußern und erlitten dabei große Verluste; denn man hatte verboten, von den Mitgliedern unserer Gemeinde etwas zu kaufen, und so erhielten wir kaum ein Viertel von dem, was die Sachen wert waren. Wenn wir überlegten, wieviel erforderlich sei, um uns an einen sicheren Ort zu bringen, wo unser Gewissen nicht mehr beunruhigt werde, so zweifelten wir beinahe daran, unseren Entschluß ausführen zu können. Der Kummer hierüber war so groß, daß ich in ein heftiges Fieber verfiel, welches beinahe einen Monat dauerte und meiner Familie viele Sorgen machte. Mit Gottes Hilfe genas ich von der Krankheit.

In dieser Zeit, als ich von der gefährlichen Krankheit befallen war, kam die Grausamkeit unseres geschworenen Feindes, des Klerus, ans volle Licht. Sie richtete sich wider die Leichen unserer Brüder. Eine Schmach für den Christennamen, ewig unaustilgbar! Ein Schuster, namens *Robin*, protestantischer Bürger von Metz, war bedrohlich erkrankt. Der katholische Geistliche des betreffenden Stadtviertels besuchte ihn und drang auf ihn ein, er möge seinen Glauben abschwören. Der treue Mann leistete aber einen so energischen Widerstand, daß der besagte Pfarrer, der ihn für weniger krank hielt, als er war, den Mann eine Zeit lang verließ und sich vornahm, am nächsten Tag einen erneuten Versuch zu machen. Aber Gott, der seinen Knecht treu erfunden hatte, ließ nicht zu, daß er zum zweitenmal in Versuchung geführt werde, sondern gab ihm schon an demselben Abend die ewige Ruhe. Als nun der Geistliche am anderen Tag wiederkam, war er erstaunt, dies zu erfahren. Aus Verdruß veranlaßte er einen Prozeß gegen den Körper des Verstorbenen, welchen man förmlich verurteilte, in Begleitung des Henkers durch die Straßen geschleift zu werden. Dies geschah denn auch, und zum Schluß warf man die Leiche auf den Schindanger, wo sie vollständig nackt unter dem Aas der Tiere lag.

Dieser Schandtat folgte eine zweite, welche verübt wurde an einem Mann von hervorragender Stellung und großen Verdiensten, der ein Leben ohne Makel und voll Mildtätigkeit hinter sich hatte. Es war einer der ältesten Räte des Parlaments von Metz, ein Mann von 80 Jahren, welchen der Kummer über die Leiden, die Gott gegen uns zuließ, auf das Krankenlager warf. Als er sein Ende herannahen fühlte, gab er Beweise seiner Frömmigkeit und seines Glaubens dem Erzbischof von Embrun, dem Bischof von Metz. Dieser hatte ihm nämlich die Ehre seines Besuches erwiesen und ermahnte ihn, als Katholik zu sterben. Da erwiderte ihm dieser gute Diener Gottes: „Wenn ich mich auch als einen großen Sünder erkenne, so lasse ich doch nicht ab, auf die Barmherzigkeit meines Erlösers zu hoffen und setze mein ganzes Vertrauen auf sein verdienstliches Leiden. Außerdem zweifle ich nicht, daß er mir die Gnade verleiht, als Protestant zu sterben. Zur evangelischen Wahrheit werde ich mich bis in den Tod bekennen, wenn ich auch aus Schwäche unter dem Druck der Gewalttätigkeiten der Dragoner einst dem Herrn Erzbischof die Unterschrift unter die Abschwörungsurkunde geleistet habe." Eine noch bündigere Antwort gab er dem Pfarrer, der ihn nachher besuchte. Man möge ihn doch in Ruhe sterben lassen. Er verzichtete durchaus auf die katholischen Sterbesakramente. Herr *Chenevir* – dies ist der Name dieses berühmten Bekenners, eines der geachtetsten Bürger der Stadt, – starb eines so sanften Todes, daß die Umstehenden kaum merkten, wie er einschlief. Noch hatte man ihm nicht das Sterbehemd angelegt, da kamen einige Raubvögel, um den Leichnam zu holen und ihn in das Gefängnis der Stadt zu schaffen. Dort ließ man ihn kurze Zeit, öffnete dann den Leib und nahm die Eingeweide heraus und schloß sie in einen kleinen hölzernen Sarg. Dann erfolgte der Transport ins Gefängnis des Palastes. Der Gerichtshof [des Metzer Parlaments] sah sich gezwungen, dem Leichnam den Prozeß zu machen. Man konnte es auf den Gesichtern der meisten dieser weisen Senatoren sehen, daß sie sich nur sehr ungern genötigt sahen, sich dem Urteil zu fügen, das der Klerus vom Gericht erwirkt hatte. Auch dieser edle Leib wurde infolgedessen verurteilt, in nacktem Zustand auf einer Schleife durch die ganze Stadt gefahren zu werden, neben sich einen kleinen Sarg, der die Eingeweide enthielt. Schließlich fand die Leiche ihren Platz ebenfalls auf dem Schindanger neben der jenes armen Schusters, von dem ich bereits gesprochen habe. Als aber die Menge, zum Leichenbegräbnis versammelt, das völlig entblößte Haupt sah, die Eingeweide vom Körper getrennt, diese ganze Barbarei, begangen am Leichnam eines Christen, der untadelig gelebt und dadurch die Anerkennung auch von Katholiken errungen hatte, da vernahm man überall Wehgeschrei und die Bestürzung war fast allgemein. Die Leiche wurde von mehr als 500 Personen beider Konfessionen begleitet und dann ebenso behandelt wie die von Robin. Diese beiden scheußlichen Taten ließen die meisten Katholiken vor Entsetzen erschaudern; denn sie konnten diese schreckliche Art, uns zum Übertritt zu veranlassen, nicht billigen.

Aber der dritte Vorfall drückte sie noch mehr nieder, wenigstens diejenigen, die etwas Frieden für ihr Gewissen zu erlangen trachteten. Susanne *Gentilhomme* war die Ehefrau des Sieur Jean Baudesson, Kaufmanns und Bürgers der Stadt Metz. Im Alter von bereits 75 Jahren wurde die Frau, die ein vorbildliches und frommes Leben geführt, von einer schweren Krankheit befallen. Sie versammelte ihre Kinder um ihr Bett und ermahnte sie, dem Herrn treu zu dienen, standhaften Widerstand gegen jene Versuchungen zu leisten, welche Gott zulasse, um die Seinigen zu prüfen. Während der Vermahnungen erschien bei ihr der katholische Geistliche des Kirchspiels und redete ihr zu, als gute Katholikin zu sterben und von den Segnungen der Kirche Gebrauch zu machen. Sie erwiderte ihm darauf mit großer Gelassenheit, sie sei im Begriff, zu Gott zu gehen, und ihre Absicht und ihr letzter Wille sei dahin gerichtet, zu sterben in dem Glauben, in welchem sie geboren und getauft sei und den sie bekennen werde bis zum letzten Seufzer ihres Lebens. Vergeblich stellte ihr der Geistliche die Nachteile vor, welche ihrem Vermögen und die Beschimpfung, welche ihrer Leiche drohe. Sie drückte ihm ihren Widerwillen so deutlich aus, daß er genötigt war, sich zurückzuziehen, worauf sie ruhig verstarb. Als nun der Geistliche von dem Vorfall den Gerichten Anzeige erstattet hatte, wurde ihr Leichnam in das Gefängnis transportiert und dort, nur mit einem Hemd bekleidet, auf einer Schleife ausgestellt, dann aber in diesem Zustand auf den Schindanger gefahren, wo bereits zwei ihrer Glaubensbrüder lagen. Es war ein schreckliches Schauspiel, wie der Leichnam der Frau mit bloßem Haupt durch die Straßen geschleift wurde und ihre schneeweißen Haare von dem Schmutz des Straßenpflasters befleckt wurden. Dem Zug folgte eine große Menge Volks, die einen weinend und klagend, die anderen diesen schrecklichen Akt mit Verwünschungen gegen dessen Urheber begleitend. Man hörte in allen Straßen, durch welche die Leiche geschleppt wurde, ein dumpfes Murren. Wie konnten nur Leute, die sich Christen nannten, eine Handlung dulden, die so der Liebe widerspricht, die Gott uns gebietet! Nur Tiger und Teufel konnten das doch billigen.

Es geschah auch, daß ein ehrenwerter Mann, Domherr der Metzer Kathedrale, als er Zeuge des Vorfalles war, so von Entsetzen ergriffen wurde, daß er sofort den Bischof benachrichtigen ließ, einen ehrwürdigen und durch Tugenden ausgezeichneten Kirchenfürsten. Seine Mitteilung erreichte, daß der Bischof dem Domherrn versprach, das Gericht zu benachrichtigen. Hätte er doch lieber gewünscht, daß sich die Grausamkeiten gegen unsere teuren Toten fortgesetzt hätten! Dann wären wir fest geblieben und wären vielleicht nicht zu Fall gekommen, wie es nachher geschah! Die Mütter trugen beim Leichenbegägnis dieser Treuen ihre Kinder auf den Schultern und führten sie an der Hand, um ihnen zu zeigen, daß sie sich darauf gefaßt machen müßten, alles für die Erhaltung ihrer heiligen Religion zu erleiden. Nur die ehrwürdigen Väter der Gesellschaft Jesu spotteten darüber, sich weidend an den barbarischen Handlungen, die ihnen vertraut sind. Unsere Gemeinde holte die drei Leichen heimlich vom Schindanger fort und begrub sie in einem benachbarten Garten, wo sie so lange ruhen, bis sie die Posaune des jüngsten Gerichts auferweckt, auf daß sie ihre hochmütigen Feinde vor dem Richterstuhl des obersten Richters verklagen.

Als man nun erkannt hatte, daß solche Grausamkeiten nur dazu dienten, unsere Gemeinde in ihrem Glauben zu festigen und ihre Abneigung gegen die römische Religion zu steigern, ließ man den Hof wissen, daß man bei uns nichts erreichen könne außer durch offene Gewalt. Der grausame Vorschlag wurde befolgt. Man gab den Dragonern und Leuten ähnlichen Schlages den Befehl, sich sofort nach Metz in Bewegung zu setzen, wo sie dann auch einige Tage später erschienen. Am Abend des Tages, an welchem sie eingerückt waren, ließ man die Tore der Stadt schließen. Es verbreitete sich das Gerücht in der Stadt, daß man nun gegen die Anhänger der reformierten Religion gewaltsam vorgehen werde.

Um die Ausführung dieses so feinen Vorhabens zu beschleunigen, quartierte man die Truppen teils unter den Evangelischen ein, teils verteilte man sie und stellte sie an den Straßenecken auf mit dem Befehl, die Evangelischen zu beobachten und darauf zu achten, daß sie nicht ihre Wohnungen verließen und nicht ihre Möbel wegschafften. Versuchten sie, ihre Habe bei ihren Freunden zu bergen, so solle man diese beschlagnahmen. Wir aber wollten immer noch nicht glauben, daß der König seinem Wort zuwiderhandeln werde, das er dem Intendanten der drei Bistümer gegeben und das dieser wiederholt den Häuptern unserer Familien bekräftigt hatte, – damals, als er sie in sein Hotel rufen ließ, und ihnen im Namen des Königs versprach, daß um ihrer Religion willen keinerlei Gewalt gegen sie werde verübt werden. Aber die Zeiten waren vorüber, wo es hieß: Ein Mann – ein Wort. Der „Gewissensrat“ betätigte und lehrte viele andere Grundsätze. Davon bekamen Leib und Seele, Hab und Gut unserer armen Brüder bald etwas zu spüren. Man höre: Am Tage darauf, nachdem diese Landsknechte ihren Triumpheinzug in Metz gehalten hatten, ließ man sie auf den öffentlichen Plätzen zusammentreten und mit Trommeln, Trompeten und Pauken durch die Straßen marschieren, so daß es einen Schrecken gab und die Kaufleute und Gewerbetreibende ihre Läden schlossen. Man wußte nicht, wie das jetzt beginnende Trauerspiel, dessen Opfer die Protestanten waren, enden würde. Man sandte alle Stadtdiener in die Wohnungen der Protestanten und ließ sie vorladen, den andern Morgen um neun Uhr im großen Saal des Stadthauses zu erscheinen, wo der Intendant der drei Bistümer in Gegenwart des Grafen de Bissy und des Magistrats uns den Willen des Königs verkündigen werde. Unsere Brüder waren sehr niedergeschlagen von den schweren Leiden, die sie bereits erduldet hatten von dem Tag an, wo man ihre Kirche zerstörte. Diese wilden, drohenden Vorbereitungen so vieler Truppen, der schreckliche Lärm der Trommeln, Trompeten und Pauken, die vielen beleidigenden Schimpfworte, die sie von den Katholiken und dem Klerus zu hören bekamen, all das hatte sie in so bejammernswerte Gemütsverfassung versetzt, daß sie zu dieser traurigen Versammlung gingen, ohne vorher irgendeine Beratung gehalten oder eine Verabredung getroffen zu haben.

Der Intendant unterrichtete die Anhänger der reformierten Religion über die eingetroffenen königlichen Befehle: Der König wolle und verlange, daß sie eine rechtsverbindliche Abschwörungsurkunde unterzeichneten und römisch-katholisch würden, wie es ihre übrigen Glaubensgenossen in ganz Frankreich – dem Willen des Königs gehorsam – bereits getan hätten. Im Falle der Weigerung würde man sie durch Dragonaden und sonstige Gewalt dazu zwingen und in keiner Weise schonen. Einer von uns stellte dem Intendanten vor, man glaube von der Gerechtigkeit Sr. Majestät besseres hoffen zu dürfen, da Allerhöchst dieselben ausdrücklich versprochen hätten, niemandem um seines Glaubens willen Gewalt anzutun. Allein der Intendant erwiderte darauf: Was er gesagt habe, sei der Wille des Königs, und der König sei alleiniger Herr seiner Entschließungen und auch seines gegebenen Wortes.

Er ermahnte uns, uns zu unterwerfen und auf diese Weise uns die Plackereien und Grausamkeiten der Soldaten vom Hals zu halten, von der er uns befreien könne. Ein anderer aus der Versammlung bat nun, die Befehle des Königs sehen zu dürfen. Er erhielt zur Antwort, daß er einem Mann seiner Stellung Glauben schenken müsse. Er werde ihm die Befehle zeigen, wenn ihm der Zeitpunkt passe. Es fehlte wenig, daß man denjenigen, der diese Frage gewagt hatte, die man als unverschämt empfand, ins Gefängnis geworfen hätte. Jedoch sagten diese Herren, als sie aufstanden, sie gäben der Versammlung zwei Stunden Zeit, um sich zum Gehorsam dem König gegenüber zu entschließen. So kam es denn, daß viele von uns ihrer menschlichen Schwäche unterlagen. Die einen unterzeichneten als größere Gruppe noch an demselben Tag die Abschwörungsurkunde, und die anderen folgten später nach, nachdem sie in ihren Wohnungen kürzere oder längere Zeit die Wut und die Bosheiten der Dragonaden erduldet hatten. Durch dieses traurige Beispiel unserer Schwäche läßt uns Gott erkennen, was der Mensch ist, wenn Gottes Geist den Menschen sich selbst überläßt, und welche Gnade Gott uns erweist, wenn er uns seinen Geist zur Führung unseres Lebens gibt.

Am folgenden Tag beschwerten sich die Dragoner bei dem Kommandanten, daß man sie nicht gegen die widerspenstigen Protestanten verwende. Bei denjenigen aber, die nicht unterzeichnet hatten, wurden Dragoner einquartiert mit dem ausdrücklichen Befehl, die Hauswirte zu vergewaltigen und so lange zu plagen, bis sie den Abschwörungsakt unterzeichneten. Dem leisteten denn auch diese entmenschten Landsknechte pünktliche Folge.

Was meine Person anlangt, so erduldete ich die äußersten Mißhandlungen von acht eingefleischten Teufeln dieser Art, welche man bei mir einquartiert hatte mit dem Auftrag, mich zu peinigen. Sie zwangen mich, in der Stadt Wein und Fleisch zu kaufen. Als ich damit in mein Haus zurückgekehrt war, sperrten sie sich mit mir, meiner Frau und meiner erwachsenen Tochter in einem Zimmer ein, wo sie uns zwangen, die Zuschauer ihrer Schlemmerei und die Zuhörer ihrer unanständigen und gotteslästerlichen Gespräche zu sein. Auch drohten sie uns mit noch schlimmeren Ausschreitungen für die bevorstehende Nacht.

Wir erhielten in dieser traurigen Lage Besuch von einer unserer Freundinnen. Das war uns eine große Hilfe. Als sie aber in ihre Wohnung zurückgekehrt war, blieben wir ganz in der Gewalt dieser Teufelsseelen, bis Gott uns seine Hilfe von oben sandte. Es kam ein Hauptmann, der früher bei uns gewohnt hatte, und nahm sich unser an. Er wies die Unmenschen aus unserm Zimmer und brachte sie in einem andern Teil unserer Wohnung unter, wohin ich ihnen Wein und Brot bringen ließ, so viel sie verlangten. Dort verfielen sie in Folge des Trunkes in einen so tiefen Schlaf, daß wir Zeit fanden, uns aus unserer Wohnung zu entfernen, wo wir auf gut Glück alles zurückließen, was wir besaßen.

Da wir aber nicht alle zusammen Unterkunft finden konnten, so waren wir genötigt, uns zu trennen. Meine Frau und meine ältere Tochter gingen zusammen nach dem einen, meine kleine Tochter und die Magd nach dem anderen Stadtteil. Ich zog mich zu einem Freund zurück, der mich während dieser unglücklichen Nacht aufnahm. Aber am andern Morgen schon kam er in großer Aufregung zu mir und teilte mir mit, es sei soeben ein Befehl verkündigt worden, daß niemand bei Vermeidung schwerer Strafen einen Anhänger der reformierten Religion bei sich aufnehmen dürfe, und bat mich, zu erwägen, in welche Ungelegenheiten ich ihn bringen könne.

Darauf versprach ich ihm denn auch, noch am selben Abend seine Wohnung zu verlassen.

Ich mußte darüber nachdenken, welcher schrecklichen Verfolgung uns Gott aussetzte, wie offenbar unsere Sünden uns laut anklagten vor dem furchtbaren Thron seiner rächenden Gerechtigkeit und er es deshalb zuließ, daß unsere Feinde so gewaltig über unsere Schwäche triumphierten und daß er alle Regungen der Menschlichkeit in ihren Herzen erstickte. Dann überließ ich mich meinen Gedanken über den bejammernswerten Zustand meiner Familie, ohne zu wissen, wozu meine Frau und meine ältere Tochter sich entschlossen haben würden und wie dieses große Trauerspiel, dessen Opfer wir waren, enden würde.

Als ich nun abends auf den Straßen umherirrte, ohne zu wissen, welchen Entschluß ich fassen sollte, erfuhr ich von einem Bekannten, daß diese elenden Dragoner, welche ich in meiner Wohnung zurückgelassen hatte, nachdem sie aus ihrem Rausch erwacht, uns gesucht, aber nicht gefunden hätten. Sie seien darüber in große Wut geraten, und die einen von ihnen seien ausgegangen, um uns in der Stadt zu suchen und zu verhaften, während die anderen in unserer Wohnung alles zerstört und geplündert hätten, so daß dieselbe nunmehr wüst und leer dastehe. Man sagte mir ferner, es seien auch andere Leute beauftragt, meine Frau und meine Tochter zu suchen, um sie in ein Kloster zu bringen.

Die Unglücksbotschaft wirkte vollends niederschmetternd auf mich. Ohne die göttliche Kraft, noch härtere Heimsuchungen zu ertragen, entfernte ich mich vom rechten Weg. Die Leiden meiner Familie, das schlechte Beispiel meiner Brüder oder vielmehr die moralische Schwachheit, beraubt der göttlichen Gnade, waren Schuld, daß ich dieser Versuchung erlag. Ich ließ mich von einigen Freunden, welche bereits ihrer Schwäche zum Opfer gefallen waren und den vorgeschriebenen Abschwörungsakt unterzeichnet hatten, in der Absicht, ihre Flucht vorzubereiten, um im fremden Land zu ihrem wahren Glauben wieder zurückzukehren, überreden, ihrem Beispiel zu folgen.

In diesem bedauerlichen Zustand führte man mich zu dem Erzbischof, wo ich in der Verwirrung, worin ich mich befand, eine Handlung vornahm [d.h. die Abschwörungsurkunde unterschrieb], um derentwillen ich täglich bis zur Stunde meines Todes den Herrn um Vergebung bitten muß. Ich stellte mich im Rathaus mit dem fluchwürdigen Papier vor. Darauf gab man mir eine Weisung, die mir und den meinen erlaubte, in unser Haus zurückzukehren und die Dragoner daraus zu entfernen. Nach Hause zurückgekehrt, fand ich dort noch die Spuren der Unordnung, die jene Elenden angerichtet hatten. Ich sann über mein schweres Vergehen nach und war nahe daran, ein Opfer der Verzweiflung zu werden. Allein, da ich die aufrichtigste und lebhafteste Reue fühlte, so hoffte ich endlich doch, der Herr werde Erbarmen mit mir haben und den glimmenden Docht nicht gänzlich auslöschen. Das hat auch Gott in seiner unendlichen Gnade mich immer wieder erfahren lassen, und ich bin ihm dafür ewig zu Dank verpflichtet.

Ich fragte mich nun, wie ich meine Familie der Gefahr entreißen und wieder vereinigen könnte, die seit unserer Trennung viel zu leiden hatte. Ich hatte inzwischen erfahren, daß meine Frau und meine Tochter, nachdem sie unser Haus verlassen hatten, zu Leuten sich begeben hatten, die sie für ihre Freundinnen hielten und bei denen sie diese traurige Nacht zuzubringen gedachten. Allein die Leute waren voll Angst und verweigerten ihnen die Unterkunft, weil sie sich mißliebig zu machen fürchteten. So waren sie denn schließlich genötigt, sich einem Juden, den wir kannten, anzuvertrauen, der edelmütig genug war, sie in der Synagoge zu verstecken. Dort verbrachten sie diese Nacht.

Am nächsten Morgen begaben sie sich zu einem unserer Verwandten, der ihnen mitteilte, was sich in der Stadt zugetragen hatte. Sie erzählten ihnen, in welchem Zustand ihre Wohnung sei und wie wenig Leute ihre Unterschrift verweigerten. Sie fanden, als es dunkelte, einen Unterschlupf auf der Weideninsel und brachten dort die Nacht zwischen Brettern zu. Schließlich zogen sie sich am dritten Tage unter die Mauern der alten Zitadelle zurück, wo sie in einem einsamen Winkel übernachteten. Endlich, am vierten Tag, hatten sie, niedergedrückt von den Beängstigungen und Strapazen, bei einem wirklichen Freund Unterkunft gefunden, welcher mich davon benachrichtigte und mich so von der Ungewißheit befreite, unter der ich litt. Angekommen in dem Zimmer, wo sie die letzte Nacht zugebracht hatten, fand ich sie in einem sehr elenden Zustande.

Als wir von da in unser Haus zurückkehrten, erwartete uns dort die Nachricht, daß auch die Frauen den Abschwörungsakt unterzeichnen müßten, widrigenfalls man sie von einander trennen und eine jede in ein Kloster bringen werde. Wir überlegten vergeblich, wie wir uns dieser Gewissensnot entziehen sollten. Wir mußten uns schließlich unterwerfen. Die Frauen begaben sich zu einem katholischen Geistlichen, der ihre Unterschriften in Empfang nahm, welche sie mit Tränen und Seufzern vollzogen. Der Geistliche aber war ein milder Mann und suchte sie auf jede mögliche Art zu beruhigen und zu trösten. So fanden wir uns denn in meinem Hause wieder zusammen, aber in welchem Zustand! Wir trugen das Malzeichen des Tiers[4] an unserer Stirn und durften nicht mehr hoffen, aufgenommen zu werden in das Reich des Herrn, dessen wir uns durch die Hinterlist unserer Feinde und unsere eigene Feigheit ausgeschlossen hatten, weil wir nicht bis aufs Blut widerstanden hatten, wie es unsere Pflicht gewesen wäre. Wir suchten Trost in den Verheißungen, welche Gott in der Heiligen Schrift den armen Sündern gegeben hat, und rechneten uns selbst zu ihrer Zahl. Denn Gott gab uns die Gnade, daß wir seine Barmherzigkeit anflehen, unsere große Sünde bekennen und den Entschluß fassen durften, niemals wieder rückfällig zu werden. Wir lasen sein Wort mit um so größerer Ehrfurcht. Durch die Kraft des Heiligen Geistes entschlossen wir uns denn auch, weder die Messe zu besuchen, noch den Predigten der römischen Priester, noch irgendeiner ihrer Zeremonien beizuwohnen. Von da an waren wir aufgezeichnet in dem schwarzen Buch.

Doch ich muß in meinem Bericht fortfahren. Man nahm nun die Siegel wieder ab, mit welchen man meine Amtsakten versiegelt hatte, und setzte mich wieder ein in das Amt eines königlichen Notars, das ich jedoch nur voller Trauer und Schmerzen ausübte. Ich erinnerte mich zu jeder Stunde an den traurigen Zustand, in welchen ich mich mit Frau und Kindern versetzt sah. Mein Gewissen warf mir in jedem Augenblick mein großes Verbrechen vor, den Abschwörungsakt unterzeichnet zu haben, und ließ meinem Geist keine Stunde Ruhe. Oft verließ ich meine Wohnung und suchte Trost, indem ich meine Freunde besuchte. Doch dies gab meinen Feinden wieder Anlaß, mich zu verdächtigen und die Gesellschaft Jesu zu benachrichtigen, der ja jeden Sonntag Morgen die Mitglieder dieser gefährlichen Gesellschaft ihre Berichte erstatten.

Da die Leute vom Land gewohnt sind, sonntags bei dem Notar zu erscheinen, um dort ihre Geschäfte zu besorgen, so war es sehr leicht, darin einen Vorwand zu finden, um mich anzuklagen, daß ich geheime religiöse Konventikel in meinem Haus hielte. So wollte man mich in die Falle locken, die man mir gestellt hatte. Diese fadenscheinige Verdächtigung stempelten sie zu einer ernsten Anklage. Infolgedessen erklärte man mich für einen gefährlichen und unruhigen Kopf, dessen man sich, sobald als irgend möglich sei, entledigen müsse.

Ich muß bemerken, daß inzwischen viele Gläubige versucht hatten, sich einer so harten Verfolgung durch die Flucht zu entziehen. Einige von ihnen waren unterwegs wieder aufgegriffen, in die Gefängnisse der Stadt geworfen, verurteilt und auf die Galeeren geschickt worden, halb erdrückt durch die schweren eisernen Ketten, die man ihnen anlegte. Andere von ihnen schmachten heute noch in den Gefängnissen oder in den Klöstern: Der Herr wolle ihnen gnädig sein und sich ihrer erbarmen!

Es war im Oktober 1687, als der grausame Boufflers in Metz erschien, ausgestattet mit wichtigen Aufträgen für unser Land. Als mehrere unserer gefallenen Brüder, Adelige und Offiziere, ihm ihre Aufwartung machten, ließ er sie wissen, daß der König von ihnen den Besuch der Messe und die Erfüllung aller katholisch-kirchlichen Pflichten erwarte. Er gebe ihnen vierzehn Tage Bedenkzeit. Währenddessen wolle er die Städte und Provinzen besuchen, die ihm Seine Majestät unterstellt habe. Bei seiner Rückkehr werde er denen, die sich freiwillig gefügt hätten, sein Wohlwollen zuwenden, dagegen die Widerspenstigen streng bestrafen.

In jenen traurigen Zeiten, in denen man die armen Brüder unaufhörlich verfolgte, hatte man zwölf der angesehensten in die Gefängnisse geworfen und verlangte von ihnen ihre Kinder, um sie in der römischen Religion erziehen zu lassen. Doch diese Männer konnten sich nicht entschließen, ihre Kinder jenen Irrlehrern zu überlassen und verbargen sie für einige Monate. Schließlich aber unterwarfen sie sich. Die Kinder wurden jenen grausamen Menschen überliefert, und diese steckten sie in verschiedene Klöster, wo sie jetzt noch festgehalten werden, ohne daß man ihnen erlaubt, ihre Eltern wiederzusehen.

Die Eltern durften nun das Gefängnis wieder verlassen und nach Hause zurückkehren, nachdem man ihnen auch harte Kosten auferlegt hatte. Man überließ sie ihrem Schmerz, von dem Gegenstand all ihrer Hoffnungen getrennt zu sein und auf die Freude verzichten zu müssen, ihre Kinder in der Furcht und Erkenntnis Gottes zu erziehen. Diese Armen glaubten, das Maß ihrer Leiden müsse jetzt voll sein. Aber ihre Peiniger ruhten noch nicht. Ihr Appetit wuchs mit dem Essen. Zurückgekehrt von seiner Inspektionsreise, befahl Boufflers auf das Drängen der Jesuiten hin den Familienhäuptern, ihre Kinder in die Katechismuslehre zu schicken, die er zweimal in der Woche angeordnet hatte; die eine wurde in der Sankt-Martinskirche von einem Jesuiten und die andere in der Heiligkreuzkirche von einem Ortspfarrer abgehalten. Die Eltern mußten ebendaselbst erscheinen. Man verfehlte nicht, ihnen so lange schwere Einquartierungen von Soldaten zu schicken, bis sie sich genötigt sahen, zu gehorchen.

In diesen Katechismusstunden erschien General Boufflers, begleitet von seinen Leibgarden. Auch die Obersten und die Magistratsmitglieder fanden sich ein aus Furcht, sich mißliebig zu machen oder Verdacht zu erwecken. Der Unterricht, der hier den Kindern erteilt wurde, erregte das Mitleid der Evangelischen, die dem Unterricht beiwohnen mußten. Welcher Abstand klaffte zwischen den Lehren, die uns unsere Pfarrer in unseren kirchlichen Versammlungen gegeben hatten und der Unwissenheit und Dummheit dieser Lehrer, die den armen Kindern lauter Fabeln und unwahre Geschichten beibrachten!

Aber unsere Verfolger wollten zu größeren Taten übergehen und endlich zum Ziel kommen. Zu diesem Zweck überredeten sie Herrn Boufflers an den Hof zu schreiben, daß die Reformierten in Metz zwar die Abschwörungsurkunde unterzeichnet hätten, aber immer noch nicht alle diejenigen Verpflichtungen vollzögen, die ihnen die römische Religion auferlege, und daß, um sie hierzu zu veranlassen, nichts zweckmäßiger wäre, als einige von ihnen, die für ihren alten Glauben besonders fanatisch seien, zu verbannen.

In diesem Verzeichnis der Hartnäckigen, das sie an den „Gewissensrat" übersandten, war auch mein Name nicht vergessen und mit Bemerkungen begleitet, die hinreichten, mich ihrer Wut preiszugeben. Hierin erkannte ich den gnädigen Willen Gottes, der mich in seine väterliche Zucht nehmen wollte, wofür ich ihm bis zum Tod danken und seinen heiligen Namen preisen muß. Am 20. Dezember 1687, einem Sonntag, erschien ein Leutnant mit mehreren Soldaten in meiner Wohnung und kündigte meiner Tochter an, ich müsse sofort vor dem Kommandanten Boufflers erscheinen. Wir zogen uns in größter Hast an. Diese Leute lärmten, weil ich angeblich zögerte, und ließen mir keine Zeit zum Gebet, keine Zeit, um von meiner Frau und meinen Kindern Abschied zu nehmen – und wie lange sollte doch die grausame Trennung, die in Gottes Rat beschlossen war, dauern. Immerhin konnte ich meiner Frau sagen, sie möge sich beruhigen; ich wisse mir nichts vorzuwerfen von seiten der Menschen und sei in meinem Gewissen sicher, daß Gott uns seinen Beistand zu jeder Zeit und an jedem Ort verleihen werde.

Daraufhin lieferte ich mich selbst in die Hände dieser Unmenschen aus, ohne nur einmal Zeit zu haben, etwas Geld zu mir zu nehmen, das mir von großem Vorteil gewesen sein würde während der langen Reise, die mir bevorstand, zumal es, weil ich es zu Hause zurückließ, später durch die Schergen geraubt wurde. Während ich, wie ich meinte, auf dem Weg zu General Boufflers war, – es stellte sich das nachher als eine Täuschung meiner Feinde heraus – dachte ich über das, was ich getan hatte, nach und überlegte, weshalb man mich dorthin schickte. Da ich aber hierfür keinen Grund fand, hoffte ich, General Boufflers werde mich nach dem Verhör zu meiner armen Familie zurückschicken, die, wie ich später erfuhr, in größter Bestürzung war. Ich war höchst erstaunt, als man mir befahl, nach der Zitadelle zu marschieren. Auf der Zitadelle führte man mich vor den Marschall de Béraut. Der Offizier, der mich fortgeführt hatte, flüsterte ihm etwas ins Ohr, und der Marschall fragte mich, was ich wohl getan hätte, um mich so mißliebig bei Hof zu machen. Ich antwortete ihm: Ich kenne die Ursache meiner Verhaftung nicht. Der Marschall, ein Edelmann von großer Redlichkeit und hervorragenden Verdiensten, bezeugte mir in den aufrichtigsten Ausdrücken seine Teilnahme an meinem Unglück.

Während wir uns aber noch unterhielten, erschien Herr de Poeydaret, der ebenfalls gefangen vorgeführt wurde. Der Marschall befahl darauf einem Hauptmann der Zitadelle, welcher mit einigen Musketieren erschien, uns beide in das Zimmer des Hauptmanns Mainvillier zu führen, der bereits etwa ein Jahr auf der Zitadelle gefangen gehalten wurde, weil er, nachdem man seinen Landsitz vergeblich mit Dragonaden belegt hatte, sich immer noch weigerte, die Abschwörungsurkunde zu unterzeichnen. Dort eingeschlossen, sahen wir Herrn de Rochefort eintreten, der als Hauptmann der Infanterie dem König lange Zeit gedient hatte. Herr de Mainvillier, der sehr erstaunt war, uns zu sehen, prophezeite uns, nachdem wir die Gedanken über die überraschende Affäre ausgetauscht hatten, daß man große Gewalt gegen unsere Brüder anwenden werde und daß wir ihnen als Beispiel dienen sollten. Dafür müßten wir uns zur Verfügung stellen und Gott um die Kraft bitten, den Versuchungen zu widerstehen und den guten Kampf durchzuhalten. Das bewahrheitete sich denn auch sofort. Am 21. Dezember 1687 befahl Boufflers den Familienhäuptern der reformierten Gemeinde, sich zu seinem Morgenempfang in dem großen Saal des Palastes in der Hochsteinstraße einzufinden. Dort eröffnete er ihnen, daß sie drei Tage (d. h. an Weihnachten) die Messe hören und den Anfang machen müßten mit der Christmette, die um die Mitternachtsstunde abgehalten werde. Da niemand ihm antwortete, nahm er ihr Schweigen als Zustimmung.

Nachdem sich aber die Versammelten verabschiedet hatten, blieb Herr Goffin, ein Rechtsanwalt beim Parlament und ein gottesfürchtiger Mann von sehr guter ortsansässiger Familie, zurück, weil er die Lauheit seiner Glaubensgenossen nicht ertragen konnte. Er sagte dem Gouverneur Boufflers, er habe in Gegenwart der andern seine Meinung nicht aussprechen wollen, damit man ihm nicht vorwerfe, er habe die Freiheit ihrer Entschließung beeinträchtigen wollen; was ihn selbst dagegen anlange, so verpflichte ihn sein Gewissen, gerade heraus zu erklären, daß er niemals die Messe besuchen werde. Der streng katholische Gouverneur wurde durch diese Erklärung in höchste Wut versetzt, überhäufte diesen treuen Christen mit Beschimpfungen und ließ ihn sofort in das Gefängnis abführen, indem er ihm eröffnete, daß, wenn er diese Erklärung in Gegenwart der Versammlung gegeben hätte, er ihn sogleich würde haben hängen lassen. So wurde dieser über 60jährige Mann behandelt, ein Glied einer der angesehensten Familien der Stadt! Sonderbare Mittel fürwahr, um uns von der Trefflichkeit einer angeblich so heiligen Religion zu überzeugen! Diese Herren würden mit ihren sonderbaren Anschauungen einen schweren Stand haben, wenn sie auch nur eine Stelle der Heiligen Schrift zu ihrer Rechtfertigung anführen sollten.

An diesem verhängnisvollen Tag erfolgte auch die Hinrichtung des Bürgermeisters Grossieux und seines Sohnes, eines jungen Mannes von fünfzehn bis sechzehn Jahren. Beide hatten sich den Verfolgungen durch die Flucht entzogen, wurden aber unterwegs von einem Haufen Bauern angegriffen, welche sie gefangen nehmen und nach Metz zurückführen wollten. Sie hatten das Unglück gehabt, im Kampf mit ihnen einige zu töten. Der Gouverneur Boufflers ließ nun auf eigene Faust den Bürgermeister und dessen Sohn nebst einem armen Mann und dessen Frau, die sie auf der Flucht beherbergt hatten, aufhängen.

Was mich und Herrn Poeydaret anlangt, wurden wir getrennt, nachdem wir uns eine halbe Stunde mit Herrn de Mainvillers unterhalten hatten. Ich kam in das Zimmer eines Hauptmannes der Zitadelle, der mir zu essen gab und mir aus teilnehmendem Herzen Mut zusprach. Gegen Abend mußte ich dieses Zimmer verlassen und wurde in eine alte Küche eingesperrt, wo man ein Bett aufschlug. Draußen stellte man zwei Schildwachen auf, die eine vor das Fenster, die andere vor die Tür, mit dem Befehl, außer dem Kommandanten und dem Mann, der das Essen bringe, niemanden zu mir hereinzulassen. Ich habe inzwischen erfahren, daß meine Frau den Versuch machte, zu mir zu gelangen, daß sie aber mit Drohungen zurückgescheucht wurde. Der Montag verging wie der Sonntag. Doch kam mein Schwager, Herr du Portail, begleitet vom stellvertretenden Major der Zitadelle, zu mir. Er bekundete seine Teilnahme mit meinem Gefangenenlos und bot mir seine Hilfe nach seinen schwachen Kräften an, wofür ich ihm herzlich dankbar war. Möge Gott ihm wieder zur Erkenntnis der Wahrheit, deren er seit einigen Jahren verlustig gegangen ist, verhelfen und ihn aus der Finsternis erretten, die seinen Geist bedeckt! Herr de Béraut beehrte mich am Montag abend mit seinem Besuch. Nach einigen freundlichen Worten verließ er mich wieder und sagte beim Weggehen, er sehe für mich nur einen Ausweg aus meiner traurigen Lage, nämlich die Unterwerfung unter die Wünsche des Königs und den Übertritt zur römischen Kirche. Im übrigen sei er gelegentlich zu Diensten bereit, da er mich zu seinen besten Freunden zähle.

Hier muß ich leider bekennen, wie verzagt meine Seele war. Ich dachte nur an die traurige Lage, in der ich meine Frau und meine Kinder zurückließ, nur an meine Unschuld und verbrachte den ersten Tag meiner Gefangenschaft mit mir selbst ganz zerfallen. Aber am nächsten Montag, dem 21. Dezember, warf ich mich auf die Knie vor meinen Gott und bat ihn unter Seufzen und Tränen um seine Hilfe. Ich fand im Gebet großen Trost und wurde nicht müde, Gottes Allmacht und Barmherzigkeit zu erflehen, daß er mir die Kraft gebe, von dem sogenannten Meßopfer fernzubleiben. Denn ich hatte eine grenzenlose Abneigung gegen die Messe und sah mich lieber allerlei Strafen und Demütigungen ausgesetzt, als daß ich auch mit dieser Sünde mein Gewissen belastete. Ich bekannte Gott alle Sünden, deren ich mich erinnern konnte. Ich bat ihn um Vergebung, indem ich der Sünde vor seinem Angesicht absagte. Ich flehte ihn an um die Gunst, auch fernerhin standhaft für seine Wahrheit leiden zu können. Ich zweifle nicht daran, daß Gott mein Gebet erhörte; denn am Ende dieses Tages und in der folgenden Nacht wichen die Anfechtungen und der Friede Gottes zog in meine Seele ein.

Verbannung auf die Insel Martinique

Am 22. Dezember 1687 eröffnete mir der Marschal de Béraut: Ich müsse mit den Herren Poeydaret und Rochefort Pferde benutzen, um unter Begleitung von fünzig Reitern, einem Kapitän und einem Leutnant nach der Festung Verdun gebracht zu werden, wohin er uns abzuliefern habe. Man brachte mir noch etwas Wäsche. Doch erlaubte man meiner armen Frau und meinen Kindern nicht, mich zu sehen. Als ich mit meinen Leidensgefährten die Zitadelle verließ, sah ich zu meinem Erstaunen auf dem Wall eine dichtgedrängte Menge, die von mir Abschied nehmen wollte. Ich entdeckte auch Herrn Goffin. Er sollte uns auf unserer Reise begleiten.

Man ließ uns in der ersten Reihe reiten, jeder Gefangene hatte einen Reiter an der Seite. An der Spitze war ein Trompeter, der zum Ausmarsch blies. Hinter ihm kamen fünzig Reiter. Ich fand diesen Triumphzug gar nicht so übel. General Boufflers sah zu, die Ellenbogen behäbig auf die Fensterlehne gestützt. So ritt ich als Gefangener in die weite Welt hinein auf einem elenden Mietklepper, ohne Gold oder Silber, ohne Wäsche und Kleider und ohne zu wissen, was aus mir werden sollte! Manche traurige Gedanken bemächtigten sich meiner während des gesamten Ritts, namentlich wenn ich an die Tiefe des Elends dachte, in dem ich meine Familie zurückgelassen, und an die Ungewißheit der Zukunft.

Auf schlechten Wegen kamen wir am Freitag um drei Uhr erschöpft an die Tore der Festung Verdun, wo man uns in getrennte Gefängnisse einsperrte. Vor unserer Türe stellte man einen Posten auf, gegenüber unserem Gefängnis wurde eine Wache postiert. Kaum waren wir an diesem traurigen Ort untergebracht, so erwies uns der Kommandant der Festung die Ehre, uns zu besuchen und uns zu bitten, bei ihm zu Nacht zu speisen. Wir wurden von ihm gut aufgenommen, und er bezeugte uns seinen Verdruß und seinen Abscheu vor der Behandlung, die man uns zu Teil werden ließ. Er lud uns auch für den nächsten Tag zum Essen ein und bot uns dann wiederholt seine Dienste an. Dann wurden wir in unsere Gefängnisse zurückgeführt. Hier erhielten wir unser Essen, und er sorgte für alles Nötige. Während wir im Gefängnis waren, ließ der Major mir keine Ruhe. Ich solle zur Messe gehen. Als er aber sah, daß er nichts ausrichtete, gab er es auf. Er hatte mir, als ich in die Zitadelle kam, seine Börse angeboten. Als ich aber wegging und ihn zur Begleichung meiner Schuld um ein Goldstück bat, hörte er auf dem betreffenden Ohr nicht! Seine Frau, eine Metzerin, die mich gut kannte, besuchte mich und vergoß Tränen über meine traurige Lage. Sie sandte mir öfters Speise und versprach, mich nicht im Stich zu lassen. Als sie mich verließ, ermahnte sie mich, mein Leiden geduldig zu tragen, und sprach die Hoffnung aus, daß Gott mir die Freiheit wieder schenken werde.

Dort erfuhr ich auch die grausame Mißhandlung, welche man inzwischen meiner Frau und meinen Kindern hatte zuteil werden lassen. Am Tag meiner Abreise hatte sie der Großprofoß verhaftet und mit den Damen Poeydaret und Rochefort in eine Kutsche gesetzt, in welcher man sie unter Begleitung nach der Franche-Comté transportierte. Am selben Tag wurden meine beiden Töchter in das Haus für Glaubensverbreitung gesteckt. Auf dem Weg dorthin schluchzten und weinten sie laut. Das sind doch furchtbare Beweise menschlicher Grausamkeit. Wie will man solches rechtfertigen?

Diese traurige Nachricht drohte mich vollends zu erdrükken. Ich fiel auf die Knie und schüttete Gott mein Herz aus. Zugleich bat ich ihn um sein Erbarmen, da ich erkannte, daß ich selbst meine Leiden verdient hatte. Gern und aufrichtig bekannte ich meine Verfehlungen. Darnach fühlte ich, wie mein Herz ruhiger wurde und die Trauergeister wichen. In dieser Stunde gelangte ich zu dem festen Entschluß, mein Kreuz still zu tragen. Ich bekenne, daß Fleisch und Blut mir während meiner Gefangenschaft oft zu schaffen machten. Ich wäre solchen Versuchungen auch erlegen, wenn Gottes Kraft nicht in dem Schwachen mächtig gewesen wäre.

Ich war auf das tiefste niedergebeugt durch alles Unglück, aber ich muß bemerken, daß ich zu jeder Zeit die Quelle all dieses Elends in der unglückseligen Konversionserklärung fand, die wir selbst unterzeichnet hatten und wofür nun die

Hand unseres Herrn so schwer auf uns lastete. In diesem Zustande wäre mir der Beistand eines tüchtigen Pfarrers ein wahres Bedürfnis gewesen; allein er war nicht zu erlangen. In Ermangelung seiner versuchte ich alles, um wenigstens von dem Major einige gute, religiöse Schriften zu bekommen; allein man verweigerte sie mir rigoros, und ich hatte keine Zuflucht als die Barmherzigkeit Gottes, dessen Führung ich mich völlig anvertraute.

Während ich mich im Gefängnis von Verdun befand, wurden aus dem Gefängnis in Metz die Herren de Mainvillier, Failly, de Lacloche, Simon, Jean Marc, Daniel Guerse und Frau Goffin in Begleitung von Bogenschützen nach der Zitadelle von Verdun gebracht. Am anderen Morgen ließ man alle Gefangenen mit Ketten an den Füßen auf zwei Karren steigen und unter der Begleitung eines Gehilfen des Großprofossen und seiner Leute nach Ménéhould[5] führen, wo wir in der Nacht ankamen. Mein ganzer Leib zerschlagen von dem elenden Fuhrwerk, die Beine zerschunden von den Ketten, die man uns angelegt, so daß ich kaum im Stande war, mich aufrechtzuhalten und mich nach meinem Gefängnisse zu schleppen. Ich sah im Vorbeigehen Herrn von Salsguèbre, einen schweizerischen Hauptmann evangelischen Glaubens und seine Frau, die ich gut kannte, mit denen ich mich aber nicht unterhalten durfte. Nach dem Abendessen mußten wir zu Bett gehen. Da kam unser Führer auf den Gedanken, uns die Gebete anhören zu lassen, welche die Katholiken an Gott, die heilige Jungfrau und die Heiligen richten. Wir beteten in unserer Weise. Als wir damit zu Ende waren, hörten wir sie Lieder zu Ehren der Schöpfung singen, die unser Mitleid erregten, wenn wir an ihre Unwissenheit dachten. Wir erschraken vor ihrer Verstocktheit über die Wahrheiten der Heiligen Schrift, der sie den Glauben ihrer Kirche vorziehen. Darauf fragte man uns, ob uns ihre Gebete gefallen hätten. Einer von uns antwortete, er hätte nicht zugehört, da sie in einer fremden Sprache gebetet hätten. Von da ab redete man mit uns nicht mehr über das Gebet und ließ jedem darin seine Freiheit.

Das nächste Nachtquartier hatten wir in Chalons[6]; und am andern Tage, einem Sonntag, gegen sieben Uhr abends kamen wir nach Paris, wo wir den Sonntag über verweilten, und wo sich ein ziemlich ungewöhnliches Abenteuer ereignete. Die guten Katholiken, die gegen acht Uhr morgens am Fenster standen und aus einiger Entfernung den Ton einer Glocke gehört hatten, schrien plötzlich auf, daß man sich auf die Knie werfen solle, weil Gott vorbeikomme. Der Vorgang machte einen von uns neugierig, so daß er seinen Kopf ans Fenster hielt und im gleichen Augenblick einem dieser devoten Katholiken zurief, daß sie den Gegenstand ihrer Anbetung sehen würden. Er fügte hinzu, daß er nicht vor einem Pferd knieen wolle, das den Karren eines Müllers zog und an seinem Hals ein Glöckchen trug, das sie so stark zur Anbetung verleitet hatte. Dieser Spaß ließ sie fast vor Scham sterben. Es ist sicher, daß sie uns schlecht behandelt hätten, wenn es in ihrer Macht gelegen wäre. Am Montag um vier Uhr morgens führte man uns Gefangene auf einem Wagen, an dem ein Karren zum Transport der übrigen angebracht war, nach Orléans, dann nach Blois, Amboise und hierauf nach Poitiers, wo man uns ankündigte, wir würden dort eine Konferenz mit dem Bischof haben. Dort angekommen, sagten uns aber unsere spitzbübischen Führer, der Bischof sei nicht zu Hause, sondern nach La Rochelle gereist; wir müßten ihm also dahin folgen. Wir antworteten ihm darauf, daß er doch diese alberne Spiegelfechterei aufgeben möge; wir machten uns nämlich keine Täuschungen über seine Absichten und zweifelten nicht daran, daß uns der König als Gefangene nach der Insel Ré und vielleicht noch weiter führen lasse, und erklärten, daß wir entschlossen wären, um unseres Glaubens willen bis ans Ende der Welt zu gehen, wenn es not tue.

Wir durchreisten die größten Städte der Provinz Poitou und gelangten an einem Samstag um drei Uhr nachmittags nach La Rochelle. Ich glaubte, beobachten zu können, daß man uns von Paris bis Rochelle absichtlich durch diejenigen Ortschaften an der Loire und im Poitou führte, in denen abgefallene Glaubensgenossen wohnten. Es bewegte sie, unsere eisernen Ketten zu sehen, die wir zum Zeugnis der Wahrheit trugen, die sie verleugnet hatten. Sie waren zu Tränen gerührt und beteten für uns. Ich zweifle nicht an der Erhörung dieser Gebete; denn unsere Reise verlief ohne irgendeinen Unfall. Wir erfuhren, daß unsere Glaubensgenossen in St. Maixent im Poitou, die ebenfalls die Abschwörungsurkunde unterzeichnet hatten, durch unsere Erscheinung den vollen Mut ihres Glaubens wiedergewonnen und sich am nächsten Sonntag zum Zweck des Gottesdienstes in einem benachbarten Wald versammelt hatten. Aber der Intendant des Königs, hiervon benachrichtigt, habe Dragoner hinausgeschickt, die einige getötet, die andern versprengt hätten. Da der Tag der Erlösung von den Leiden noch nicht gekommen war, ließ Gott seinen Getreuen in dieser Weise die Ehre der Märtyrerkrone zuteil werden.

Unser Einzug in La Rochelle erfolgte im Beisein von mehr als fünfzig Personen, die uns mit großer Freude sahen und Gott dafür priesen, daß er uns in Gnaden ein wenig für seinen Namen leiden ließ. Auch muß ich im Hinblick auf die Behandlung, die uns unsere Gegner zuteil werden ließen, zugeben, daß unsere Reise eher einem Triumphzug glich als einem Zug von Sträflingen. Wie merkwürdig war doch die ganze Reise! Wir verließen Metz unter Trompetenschall im Angesicht einer großen Volksmenge. Man gab uns einen Hauptmann und einen Leutnant der Kavallerie und fünfzig Soldaten zur Begleitung. Sie brachten uns nach Verdun, und wir brauchten ihre liebevolle Fürsorge nicht zu entbehren. Während unserer Reise sahen wir eine Volksmenge nach der andern, uns mit gütigen, mitleidsvollen Blicken betrachtend. Unserem Wagen ging ein Führer voraus, der durch eine Wache hinter uns unser Leben beschützen ließ!

Wir wurden nun in La Rochelle nach der Insel Ré eingeschifft, und fanden dort, nachdem wir gelandet waren, die ganze Garnison unter Waffen zu unserem Empfang. Man sperrte uns in zwei ganz neue Gefängnisse, die besonders zu dem Zweck eingerichtet waren, Leute unserer Art, welche man „die Hartnäckigen“ nannte, aufzunehmen. Wir fanden in diesen Gefängnissen verschiedene Inschriften in den Steinen der Wände, welche uns den Beweis lieferten, daß vor uns unsere Glaubensbrüder in diesem Orte eingeschlossen gewesen waren, was uns zum Trost gereichte. Auch nahm man uns hier unsere Ketten ab, welche uns seit Verdun weder bei Tage noch bei Nacht verlassen hatten. Wir priesen uns glücklich, daß wir uns durch die Gnade Gottes an diesem Ort wieder zusammengefunden hatten, an welchem es uns erlaubt war, uns gemeinschaftlich in religiösen Betrachtungen, im Gebet und im Lesen guter Bücher zu ergehen. Wir ermahnten uns gegenseitig zur Geduld.

Hier erkannten wir, daß man die Absicht hatte, uns nach den amerikanischen Inseln zu bringen. Dann überließen wir uns der Vaterliebe Gottes, der die Seinen nie verläßt. Besonders wurden wir durch die innigen Gebete des Herrn Poeydaret gestärkt. Nachdem wir den ganzen Monat Februar 1688 im Gefängnis zugebracht hatten, öffneten sich gegen Ende dieses Monats zu unserer Überraschung an einem Vormittag um neun Uhr die Türen unseres Gewahrsams, und herein trat unser Führer mit Herrn von Rochefort. Dieser war unterwegs heftig erkrankt, und wir mußten ihn in Meaux zurücklassen. Dort war er geblieben, bis die heftigsten Schmerzen gewichen waren, und nun brachte man ihn zu uns nach Fort St. Martin.

Drei Tage nach seiner Ankunft eröffnete uns der Major morgens um neun Uhr, daß wir uns wieder einschiffen müßten, um uns in dem Hafen von La Rochelle an Bord eines Handelsschiffes zu begeben, dessen Kapitän beauftragt sei, uns auf den amerikanischen Inseln abzuliefern. Diese Botschaft überraschte uns nicht. Wir schnürten unser Bündel, so gut wie es möglich war, und, nachdem wir ein wenig Nahrung zu uns genommen hatten, erklärten wir dem Major, wir seien bereit, ihm zu folgen. Wir wurden nun in dem Hafen von La Rochelle dem genannten Kapitän abgeliefert, dem der Major die Befehle des Königs übergab, die dahin lauteten, uns in die Hände des französischen Vizekönigs der genannten amerikanischen Inseln zu überliefern, welcher nach unserer Landung uns zu wissen tun werde, wie wir nach Meinung des Königs unsern Unterhalt in der Zeit unserer Verbannung aufbringen sollten.

Man ließ uns darauf in die Kajüte des Kapitäns eintreten. Wir waren überrascht, dort drei Damen aus der Stadt La Rochelle zu finden, die sehr höflich waren und uns sagten, daß sie bereits seit drei Tagen warteten, um uns Liebesgaben unserer Glaubensbrüder in La Rochelle zuzustellen. Voll Mitgefühl mit unserem Unglück ließen sie uns bitten, das anzunehmen, was die Damen beauftragt seien, uns zu überreichen. Es waren allerlei Nahrungsmittel, Leckereien, Weine, Früchte, Süßigkeiten, Leinwand, Taschentücher, Schuhe, Unterzeug, Bänder, Nadeln, Messer und Gabeln, kurz alles mögliche, und daneben auch einiges Geld. Sie fragten uns, ob wir bei unserer Einschiffung in La Rochelle nicht mehrere Damen bemerkt hätten, die uns aus einem Haus in der Nähe des Hafens beobachtet hätten. Wir bejahten dies. Darauf erzählten sie uns, sie seien selbst mit dabei gewesen und hätten uns glückliche Reise aus der Ferne gewünscht. Dann seien sie nach La Rochelle zurückgekehrt und hätten einige Tage später unser hartes Los erfahren. Dies habe sie veranlaßt, bei mildtätigen Leuten die Liebesgaben zu sammeln, die sie uns übergaben und die wir in der Verbannung wohl gut gebrauchen könnten. Auch hierin erkannten wir Gottes väterliches Walten. Wir baten die verehrten Damen, als wir uns verabschiedeten, allen diesen treuen Herzen die Gefühle der Dankbarkeit auszudrücken, welche wir für ihre Wohltaten empfänden, und wir zweifelten nicht daran, daß Gott sie dafür belohnen werde, indem er ihnen seinen Segen gebe.

Der Besitzer des Schiffes besuchte uns, um uns Mut zuzusprechen. Als er von unserem festen Entschluß hörte, umarmte er uns mit Tränen in den Augen und küßte uns. Er sprach den Wunsch aus, Gott möge auch ihm die Ehre geben, für ihn zu leiden und seinen Namen den Völkern Amerikas zu verkündigen. Er empfahl uns der Obhut des Kapitäns. Am selben Tage kamen sechs oder sieben Kaufleute aus La Rochelle in das Schiff, junge Leute, die nach Amerika reisen wollten, teils um Waren zu verkaufen, teils um Land und Leute kennen zu lernen. Diese jungen Leute waren zum Teil alte Katholiken, zum Teil Neubekehrte. Sie trugen durch ihre Unterhaltung und durch ihre Freundlichkeit viel zur Aufhellung unserer Gemüter bei. Wir schlossen uns eng an sie an und lebten mit ihnen während der langen Überfahrt im besten Einvernehmen.

Es war am ersten Tag des März 1688, als wir den Hafen von La Rochelle verließen. Wir fuhren morgens um sechs Uhr ab, alle Masten beladen mit Segeln, die der Wind füllte. Wir nahmen unsere Fahrt in Richtung Amerika und hatten anfangs guten und günstigen Wind, allein später wurde die Witterung sehr unangenehm und zugleich gefährlich. Einige Masten wurden durch die Stürme gebrochen und in Stücke zertrümmert. Wir sahen zuweilen hoch erhobene und schäumende Wogen, die sich gegen unser Fahrzeug wälzten und es mit Unmassen von Wasser überschütteten, und oft befand sich das Schiff in so heftiger Bewegung, daß, wenn wir essen wollten, von oben die Schüsseln und Teller herunterstürzten, und wir selbst, wenn wir aufstanden, Mühe hatten, uns auf unseren Beinen zu halten. Auch des Nachts stürzten die Betten und die Koffer und Tische, die sich in der Kajüte des Kapitäns befanden, durch- und übereinander. Herr von Rochefort, der von diesem Ungemach besonders angegriffen wurde, war während der ganzen Fahrt schwer krank und erholte sich erst auf dem Land.

Ich selbst war abends in sehr übler Lage; denn mein Lager, das ich mit vier meiner Brüder teilte, befand sich in der Nähe der Pulverkammer. Ich mußte mich ganz im Dunkeln dorthin finden, und, um in dieses Loch zu gelangen, mußte ich mich auf den Händen hinschleppen. Ich hatte auch nur einen Mantel gleichzeitig als Ersatz für ein Bett, und ein Wäschesack aus Leinen diente mir als Kopfkissen. Der Lärm des Steuerruders sorgte für Musik die ganze Nacht hindurch, und das Ungeziefer, das uns die Matrosen freigibig verabreichten sowie das Wasser, das die Pumpe einen halben Fuß hoch in meine Schlafstelle brachte, verscheuchten den Schlaf. Am Tag suchten wir, auf den Koffern den entbehrten Schlaf zu erlangen. Des Nachts bewunderten wir die Schönheit der Sterne, mit denen der Himmel zahllos besät ist. Zuweilen sahen wir in den dunkelsten Nächten helle Lichter, plötzlich aus dem Meere hervorblitzend wie blinkende Sterne. Da bewunderten wir die Werke der Schöpfung und sangen, an den Rand des Schiffes gelehnt, manchen Psalm. Die wachsende Hitze zeigte uns, daß wir in die Nähe des Wendekreises kamen. Nach alter Matrosensitte mußten diejenigen, die sich nicht verbargen, sich nunmehr einer „Taufe“ unterziehen, indem sie ein wahres Sturzbad über sich ergehen lassen mußten. Endlich erreichten wir das Meer von Amerika, dessen Wasser eine tief dunkelblaue Farbe hat. Wir fanden dort einen sanften und günstigen

Wind, welcher uns fünf bis sechs Seemeilen weit geleitete. So weit hatten wir noch bis zur Insel Martinique; denn diese war der Ort unserer Verbannung, und da endete der Lauf einer so langen und gefährlichen Reise.

Wir landeten glücklich und gesund auf dieser Insel, und die ganze Mannschaft war sehr vergnügt; wir Verbannten dagegen nicht. Wir wußten nicht, was aus uns werden sollte und ob man uns nicht isolieren und trennen werde, indem man uns auf verschiedene Inseln in die Gefängnisse werfe. Auch wußten wir, daß es auf der Insel Martinique ein Jesuitenkolleg gab. Das war genug, um zu befürchten, daß wir dort gequält und beunruhigt würden. Allein das Los war über uns geworfen, und es blieb uns nichts übrig, als uns dem Willen der Vorsehung und dem Beschluß des Königs zu unterwerfen. Sobald wir uns den anderen Fahrzeugen näherten, die in großer Anzahl in dem Hafen lagen, feuerten wir sechs Kanonenschüsse ab, welche durch eine gleiche Anzahl von Schüssen erwidert wurden von den übrigen Schiffen, deren Kapitäne damit das unsrige begrüßten.

Inzwischen begab sich der Kapitän unsres Schiffes, nachdem er vernommen hatte, daß der Graf de Blénac, der Vizekönig der zu Frankreich gehörigen amerikanischen Inseln, sich zufällig nicht in dem Hafenort befand, wo wir gelandet waren, sondern in dem Fort Royal, das an dem entgegengesetzten Ende der Insel liegt, mit einem Kahn dorthin, um dem Grafen die Befehle zu übergeben, die er in unserer Sache erhalten hatte. Der Graf las diese und beauftragte unsern Kapitän, uns ans Land zu setzen und uns dem Herrn Ginoldan, Königsleutnant in Martinique, vorzuführen, der uns den Willen Sr. Majestät eröffnen werde.

Während sich unser Kapitän entfernt hatte, sah ich auf dem Ufer eine Menge ganz nackter Neger hin- und hergehen. Unter diesem fremden Volke sollte ich also leben! Sie brachten uns Landesfrüchte, die mir gut schmeckten. Dann verließen wir das Schiff. Man führte uns zu dem Kommandanten. Von ihm vernahmen wir, daß der König befohlen habe, uns als Kolonisten von Martinique aufzunehmen und uns in dieser unserer Eigenschaft wüste Ländereien zum Anbau und zur Rodung zu übergeben; davon sollten wir leben. Existenzmittel anderer Art waren für uns nicht vorgesehen. Als wir dem Kommandanten unsere Enttäuschung über diese Grausamkeit aussprachen, zuckte er die Achseln und sagte uns, er habe Mitleid mit uns, und, um uns ein Zeichen seiner Teilnahme zu geben, wolle er uns eine Wohnung anbieten, die ihm gehöre und sich in der Nähe der seinigen befinde. Wir fanden denn auch zunächst dort Unterkunft, allein es waren nur die vier kahlen Wände. Indeß trösteten wir uns damit, daß man uns wenigstens zusammenließ und daß wir die Freiheit hatten, die ganze Insel zu begehen, die ungefähr dreißig Meilen lang ist. Wir dankten Gott für seine Gnade, da wir auf eine schlimmere Behandlung gefaßt waren. Wir fanden Brot und Wein zum Abendessen. Dann gingen wir einige Stunden spazieren und legten uns auf den Fußboden schlafen, nachdem wir Gott für seinen Schutz gedankt hatten. Wir verbrachten eine ruhige Nacht.

Am Tag nach unserer Ankunft besuchte uns Herr de Macary, ein in der Nähe wohnender Edelmann, um uns in liebenswürdiger Weise seine Teilnahme auszusprechen und uns zu trösten. Er wolle uns nach Kräften helfen. Ebenso liebenswürdig waren seine Frau und seine Schwägerin Frau Gossin zu uns. Sie ließen ihren Worten Taten folgen. Es waren keine leeren Versprechungen; denn sie schenkten uns allerlei Nützliches und stellten uns alles, was sie hatten, zur Verfügung. Mehrere französische Offiziere besuchten die Herren de Poeydaret, Rochefort und de Mainvillier. Auch andere Verbannte, die schon länger dort waren, besuchten uns und Frau Goffin. Die drei genannten Offiziere erinnerten ihre Kameraden an die zwanzigjährigen, ja dreißigjährigen Dienste, die sie dem König geleistet hatten. Wie oft hatten sie für ihn ihr Leben in die Schanze geschlagen! Wir andern konnten unsere Vaterlandsliebe damit beweisen, daß wir große Opfer für die vielen Einquartierungen gebracht hatten. Während des Kriegs hatte ich meine Landgüter verloren. Zum Dank dafür waren wir aus der Heimat vertrieben worden, hatte man uns Weib und Kind genommen und wollte uns nun einem qualvollen Tod überliefern. Wir aber wußten uns keines Verbrechens schuldig.

Am nächsten Tage erhielten wir eine Menge Geschenke von den Vornehmen der Insel, nämlich Brot, Wein, Salz, Kerzen, frisches und gesalzenes Fleisch und Zucker. Unsere

Mahlzeiten waren sehr bescheiden, aber wir waren doch glücklich, weil wir im Herzen Frieden hatten und ungehindert zu Gott beten konnten.

Im Anfang bestand meine ganze Beschäftigung darin, entlegene Orte aufzusuchen, um dort trüben Gedanken nachzuhängen über die Gefangenschaft meiner armen Frau und meiner unschuldigen Kinder und über den geringen Grad von Wahrscheinlichkeit, daß ich in dem hohen Alter, in dem ich mich befand, jemals nach Frankreich zurückkehren und die meinen wiedersehen werde. Das war meine Hauptklage; denn was den Verlust meines Amtes, meines Einkommens und meines Vermögens anlangt, so drückte das alles mich weit weniger.

Zwei unserer Glaubensgenossen verließen uns schon nach wenigen Tagen. Der eine fand Unterkunft bei einem Kaufmann der Insel, der andere wurde von einem großen Zuckerhändler angestellt. So war unsere Zahl auf sieben zusammengeschrumpft.

Die Bewohner der Insel haben einen ehrlichen und freundlichen Charakter, so daß wir allen Grund hatten, mit ihnen zufrieden zu sein. Unser Nachbar besuchte uns oft und lud uns ein, in seine Wohnung zu kommen, wo sich täglich die vornehme Welt der Insel traf und wo man sich ziemlich gut unterhielt. Die vornehmen Leute sprechen ein ausgezeichnetes Französisch, sind mit den Fremden freundlich, leben in gutem Einvernehmen miteinander, pflegen eine einfache Geselligkeit; nur eines ist beim Essen unangenehm, daß die Getränke nie kühl sind, weil die Insel nur wenig über den Meeresspiegel sich erhebt und daher die Gebäude nicht unterkellert werden können. Die Frauen sind nach französischer Mode reich und prächtig gekleidet, führen einen sehr guten Lebenswandel, und man kann sich sehr angenehm mit ihnen unterhalten. Dabei sind sie sehr fleißig und vorzügliche Reiterinnen, so daß es eine Freude ist, zu sehen, wie sie mit Kraft und Anmut die Tiere lenken. Junge Neger folgen ihnen wie Lakaien. Die Männer sind sauber und einfach gekleidet. Sie widmen sich eifrig dem Handel.

Ich ging oft mit Herrn de Mainvillier auf einem lang hingestreckten Höhenzug spazieren, an dem die schönsten Wiesen und Gärten der Insel liegen. Orangen- und Zitronenbäume dienen zur Einfriedung, und in den Gärten reifen die besten Früchte, an denen man sich nach Herzenslust laben kann. Eines Tages rief man uns zu einem Neger, der eine Menge Schlangen gefangen hatte. Er zeigte sie uns zuerst in ganz starrem Zustande dann rieb er sie mit einem gewissen Gras, und nun sahen wir zu unserem Erstaunen, wie sie zischelnd erwachten, so daß wir zurückschraken. Aber der Neger rührte sie wieder an: Sie waren wieder ganz unbeweglich, und wir hatten von ihnen offenbar nichts mehr zu befürchten. Das Klima ist außerordentlich schön, die Vegetation (Zuckerrohr, Äpfel, Kokosnuß, Melonen, Zitronen, Trauben, Apfelsinen, Bananen, Feigen) sehr üppig. Öffnet man die Bananen, so sieht man ein Kreuz. Aus diesem Grunde haben viele Katholiken Gewissensbedenken, davon zu essen. Für einen halben Sou kann man sich satt essen. Am allerbesten mundet die Ananas.

Die guten Väter der Gesellschaft Jesu haben von dem schönsten Platz der ganzen Insel Besitz ergriffen. Sie wohnen dort vortrefflich und haben eine Quelle mit ausgezeichnetem Wasser entdeckt, die sich mitten in ihrem Hof befindet und auch von allen wohlhabenden Einwohnern der Insel ausschließlich als Trinkwasser benutzt wird, wenn das Wasser des einziges Flußes, den die Insel hat, zum Trinken zu warm ist. Das Jesuitenkolleg ist umgeben von frischen Bäumen und Sträuchern, die ausgezeichnete und in Europa seltene Früchte tragen.

Etwas abseits von ihm befindet sich ein Negerdorf, bestehend aus einer Anzahl mit Schilfrohr erbauter Hütten, worin ungefähr dreihundert Negersklaven mit ihren Familien wohnen. Diese Unglücklichen sind den ganzen Tag über mit schwerer Arbeit beschäftigt, um die Einkünfte der Gesellschaft Jesu zu vermehren. Vor allem besorgen sie die Zuckerpflanzungen, die das ganze Jahr hindurch einen hohen Aufwand von Kraft und Arbeit erfordern. Die Zahl der Neger auf der Insel ist viel größer als die der Franzosen und sonstigen Bewohner. Deshalb erlaubt man ihnen auch nicht, Waffen zu tragen aus Furcht, es könnte ihnen der Gedanke kommen, sich von der Sklaverei zu befreien. Man beschäftigt sie den ganzen Tag. Sie sind gezwungen, selbst für ihren Unterhalt zu sorgen, ohne daß ihre Herren sich darum kümmern. Außerdem werden sie in jeder Weise niedergehalten. Sollte es einer von ihnen wagen, sich gegen einen Bürger zur Wehr zu setzen, so würde er geprügelt werden, und keiner seiner Kameraden würde es wagen, ihm zu Hilfe zu kommen, da er fürchtet, ebenso behandelt zu werden. Wie ich erfuhr, entschlossen sich diese unglücklichen Neger zwei Jahre vor unserer Ankunft, sich zusammenzuschließen, um die Franzosen und die anderen Christen niederzumetzeln oder fortzujagen. Mehr als 15 000 hatten sich zusammengeschart, mit großen Stöcken und anderen Werkzeugen bewaffnet. So rückten sie vor die Wohnungen der Christen. Doch der General hatte einige Tage vorher Kenntnis erhalten und befahl allen christlichen Soldaten auf den benachbarten Inseln, sich unverzüglich zum Fort Royal nach Martinique zu begeben. Mit diesen Soldaten und der eigenen Garnison rückte er gegen die Aufrührer vor und ließ die Hälfte seiner Truppen auf sie schießen. Im ganzen fielen über 3600 Neger; die Rädelsführer wurden gevierteilt und ihre Leichenreste auf der ganzen Insel zur Schau gestellt. Seit dieser Zeit hörten die Unruhen auf.

Die Jesuiten haben mehr als 400 Neger in ihren Diensten und benutzen sie zu einem schwungvollen Handel mit Zucker, Kokosnuß und Baumwolle. Die Jesuiten haben in der Nähe ihres Kollegiums auch sehr große und schöne Zuckerfabriken, und im Augenblick lassen sie dort eine Kirche bauen, für die sie die behauenen Steine und das Holz weither haben kommen lassen. Ich bin diesen trefflichen Vätern oft auf dem Spaziergang in einer großen Allee von Orangen- und Zitronenbäumen begegnet, die an ihrem Kollegium endigt, und sie haben uns öfter sehr höflich eingeladen, zu ihnen zu kommen. Allein es war noch gar nicht lange her, daß wir um ihretwillen von Gefängnis zu Gefängnis geschleppt worden waren, und deshalb war uns ihre Einladung doch zu verdächtig, als daß wir nicht aufs höflichste hätten danken sollen. Wir dachten daran, daß einer von ihnen sich am Tag nach unserer Ankunft zu uns bemüht hatte. Kaum war er da, so fing er mit uns einen Streit über religiöse Fragen an. Wir hörten ihm zu, solange er wollte. Aber als er merkte, daß wir fest blieben und wir ihm

Antworten gaben, die ihm nicht gefielen, kam er nach Jesuitenart in gewaltige Erregung und versuchte, uns der Unbotmäßigkeit gegenüber dem König zu bezichtigen. Da ging einem von uns die Geduld aus, und er sagte ihm, wir sähen, daß er ein Krakeeler sei und daß wir uns bei dem General über seine Heftigkeit beklagen würden; denn es sei des Königs Wille, uns in unserer Verbannung in Ruhe zu lassen. Nun wurde der gute Vater liebenswürdig und begann, sich zu entschuldigen. Er versuchte, uns die Überzeugung einzuflößen, er sei nur gekommen, uns seine Teilnahme zu bekunden. Lauter honigsüße Worte entströmten seinen Lippen. Da klopfte jener ihm leise auf die Schulter und sagte zu ihm: „Nun gebe ich die Hoffnung nicht mehr auf, daß Sie noch einmal ein Prediger der Wahrheit werden!" Großes Erstaunen bei dem guten Vater. „Wie", entgegnete er ganz harmlos, „dann müßte ich ja wohl Hugenotte werden?" „Gewiß", antworteten wir ihm, „ganz unsere Meinung!" Er merkte, daß er eine Dummheit gesagt hatte, und hielt es fürs beste, den Rückzug anzutreten. Er stand auf, verabschiedete sich von uns, und wir nahmen sehr höflich voneinander Abschied. Seitdem blieben wir von solchen Leuten verschont.

Die Sonne brennt so heiß auf der Insel, daß man am Tag kaum ausgehen kann. Die Hitze erzeugte einen furchtbaren Durst, den wir mit einer Menge leider warmen Wassers zu löschen suchten. Mit der Zeit gewöhnte man sich aber auch daran.

Ich will noch etwas davon erzählen, wie wir uns die Zeit vertrieben haben. Die Herren de Poeydaret, de Rochefort und de Mainvillier erfuhren, daß der Vizekönig vom Hof den Befehl erhalten habe, unverzüglich die Insel Tobago im Namen des Königs zu besetzen. Sie schrieben nun dem General einen ehrerbietigen Brief, in dem sie dem König ihre Dienste anboten. Die Antwort des Vizekönigs war ein in liebenswürdige Worte gefaßter Dank. Einige Tage darauf war die Insel ohne Widerstand erobert. Es waren nämlich keine Einwohner da!

Die Tätigkeit der Herren de Poeydaret und Rochefort beschränkte sich darauf, bei den Offizieren Besuche zu machen und sich von ihnen einladen zu lassen. Ich selbst suchte gern die Einsamkeit auf. Eines Tages fragte ich Herrn de Mainvillier auf einem Spaziergang, ob er mich nicht auch wie die beiden anderen Herren verlassen wolle. Darauf antwortete er mir, jeder sei in seinem Handeln frei, er selbst ziehe es vor, bei mir auszuharren, wie er es mir einmal versprochen hätte. Wir waren ja auch durch ein ganz gleiches Schicksal miteinander verbunden. Während wir durch Frankreich als Gefangene geschleppt worden waren, hatten wir dieselben Ketten getragen, hatten zusammen gegessen und geschlafen. Unsere Frauen waren in dieselbe Provinz verstoßen, unsere Kinder in Klöster gesteckt. Darum hielten wir treue Kameradschaft und hatten nur einen Gedanken, nämlich wie wir nach Europa zurückkehren könnten.

Unter unsern Schicksalsgenossen befand sich ein Herr de Failly, ein frommer, angenehmer, junger Mann. Seit mehreren Tagen pflegte er uns frühmorgens nach dem gemeinsamen Gebet zu verlassen. Nur zur Essenszeit kehrte er zurück und ging dann gleich wieder weg. Ich war neugierig, zu erfahren, wohin er ging und was er tat. Darum folgte ich ihm zuerst mit den Augen und ging ihm dann nach. Nach einer Viertelstunde kam ich an den Fuß eines Berges. Aus stattlicher Höhe stürzte sich das Wasser eines Baches herab. Schöne, stolze Bäume verbreiteten reichlichen Schatten. Leise schlich ich mich heran. Da sah ich unsern jungen Freund und hörte die Klänge eines herrlichen Psalmes. Er sang sie in die Einsamkeit hinein und las dann in den Blättern des Neuen Testaments. Ich wollte ihm durch meine Gegenwart nicht lästig werden und schlich mich leise von dannen. Der Eifer des jungen Mannes hatte mich aber doch sehr erhoben und erbaut. Auf dem Rückweg fand ich ein zur Andacht einladendes stilles Plätzchen. Da sann ich über all mein Unglück nach. Was war alles über mich hereingebrochen! Ich bestürmte Gott unter Tränen mit Bitten, er möge mein Unglück wenden. So fand ich schließlich doch Ruhe, wiewohl ich mir sagen mußte, daß für mich alten, mittellosen Mann kaum noch Aussicht auf Befreiung bestünde. So fand ich durch Buße und Bitten wieder für einige Zeit Trost.

Flucht

Einige Tage später verfiel ich von neuem meinem alten Kummer. Unwillkürlich zog es mich wieder hin zu diesem Ort meiner Gebete. Ich wurde von den heftigsten Gewissensqualen ergriffen, weil ich in jener Abschwörungsurkunde meinen Namen verleugnet hatte. Ich verabscheute meine schwere Sünde und fühlte, daß sie mir die Züchtigung zugezogen hatte, unter der ich gegenwärtig litt und die ich wohl verdient hatte. Allein ich flehte die Gnade und Barmherzigkeit Gottes an und begann, wieder Trost und Hoffnung zu fassen. Diese Hoffnung wurde nicht getäuscht; denn, als ich eines Tages, vom Spaziergang zurückgekehrt, mich meiner Wohnung näherte, schickte Gott mir die Begegnung eines ehrenwerten Greises, den ich schon öfters gesehen und gesprochen hatte. Er wohnte schon seit einigen Jahren in Martinique und war dort Kaufmann. Er war zugleich ein aufrichtiger Protestant und erwies mir große Teilnahme. Bei dieser Begegnung sagte er mir, er bemerke seit einiger Zeit bei mir einen außergewöhnlichen Grad von Traurigkeit und bitte mich, ihm die Ursache mitzuteilen. Ich erwiderte ihm, körperlich befinde ich mich leidlich, aber was meinen Geist anbelange, so fühle ich mich sehr gedrückt, und den Grund zu erraten, werde ihm nicht schwer sein. Inzwischen waren wir an meiner Wohnung angekommen, wo er sich nicht ohne innere, deutlich erkennbare lebhafte Bewegung verabschiedete. Dieser Ehrenmann traf am nächsten Tage Herrn de Mainvillier. Er sprach ihm davon, wie nahe ihm unser Geschick gehe. Er wolle uns die Hand zur Befreiung reichen. Er verabredete mit ihm eine Begegnung am nächsten Tage vor seinem Kaufladen. Als Herr de Mainvillier mir davon erzählte, bat ich ihn dringend, ja pünktlich zur Stelle zu sein. Ich würde nicht von seiner Seite weichen. Sie trafen sich, wie verabredet.

Der würdige Greis fragte Herrn de Mainvillier, ob wir den Wunsch hätten, die Insel Martinique zu verlassen und ob wir auch bereit seien, die Gefahren zu ertragen, die damit verbunden seien. Dann wolle er sich der Aufgabe unterziehen, uns dabei behilflich zu sein. Er bejahte. Wie sollten uns freuen, sagte unser Freund. Er habe uns zwei Plätze in einer Barke aufgehoben, welche in der zweiten Nacht von einem Ort, wohin er uns werde führen lassen, absegeln werde. Wir sollten in dieser Nacht unsere Sachen zusammenpacken und sie schon um zwei Uhr morgens durch die Öffnungen unserer Wohnung auf die Straße werfen, wo er dafür sorgen werde, daß sie von vertrauten Personen zum Schiff gebracht würden. Er meinte, seines Erachtens werde der Kapitän nicht mehr als ein Goldstück pro Mann für den Transport bis zur Insel St. Christoph verlangen, wohin wir, wenn uns Gott einen guten Wind schickte, in drei Tagen gelangen würden.

Zu meinem Befremden hörte ich, daß die Herren de Poeydaret und de Rochefort glücklich entflohen und in einem holländischen Hafen gelandet seien.

Am Morgen unserer Abreise sagte ich Herrn de Mainvillier, daß ich Frau Goffin versprochen habe, sie mitzunehmen, falls ihr Mann einwilligte. Nur schwer brachte ich Herrn de Mainvillier dazu, dies Frau Goffin mitzuteilen, da er die Zustimmung des Herrn Goffin für ausgeschlossen hielt. So war es auch: Herr Goffin mißbilligte unser Vorhaben und machte uns Vorwürfe, daß wir ihm Schwierigkeiten bereiten würden. Darum ließen wir die Sache fallen und baten nur Herrn Goffin, eine Nacht hindurch zu schweigen. Am nächsten Morgen könne jedermann davon reden.

Nun hatten wir aber in unserer Wohnung einen biederen Schuster, namens Daniel Guerse, der mit uns nach Amerika verbannt worden war und um seines Glaubens willen bereits unsäglich viel gelitten hatte. Er merkte von unserer Absicht und bat uns um Gottes Willen, wir möchten ihm doch erlauben mitzugehen, und unser guter Kaufmann brachte es denn endlich fertig, auch für ihn noch einen Platz zu erhalten. Eine Stunde, bevor wir unserem Führer folgen sollten, kam unser freundlicher Nachbar zu uns und lud uns ein, wir sollten den Abend bei ihm verbringen. Herr de Mainvillier und ich waren etwas verlegen. Wir antworteten ihm, daß wir eine Partie Schach begonnen hätten. Wir wollten sie zuerst zu Ende spielen. Dann würden wir uns die Ehre geben, zu ihm zu kommen. Unser Nachbar wollte an diesem Abend von uns das Trick-

Trackspiel lernen. Wir empfahlen ihm für diesen Zweck Herrn Goffin. Nachdem er mit Herrn Goffin zwei Stunden lang Trick-Track gespielt hatte, meinte er, wir beide müßten sehr hitzige Schachspieler sein. Offenbar würden wir nicht mehr kommen.

Als Herr Goffin zurückkehrte, erfuhr er, daß wir seit einer Stunde auf und davon seien. Auf ein verabredetes Zeichen waren wir unserem Führer, einem Engländer gefolgt. Als wir über den Marktplatz kamen, erkannten wir beim Mondschein unsern edlen Befreier, der unter Tränen von uns Abschied nahm. Als wir nun wieder weitergingen, bemerkten wir drei unserer Schicksalsgefährten, die uns fragten, wohin wir uns so schnell zu dieser ungewöhnlichen Stunde begäben. Wir gestanden ihnen, daß wir daran seien, uns unsere Freiheit wieder zu erobern. Sie begehrten von uns noch allerlei Auskunft; aber wir sagten ihnen nur, wir könnten uns nicht aufhalten und seien genötigt, unserm Führer zu folgen, der bereits vorausgegangen war. Darauf erklärten sie sofort, daß sie unser Schicksal teilen wollten; denn, wenn unsere Flucht bekannt werde, würden sie noch mehr eingeschränkt und beobachtet als bisher. Vergeblich versicherten wir, es seien nur drei Plätze vorhanden; sie erwiderten: etwas Schlimmeres könne ihnen nicht passieren, als daß sie wieder zurück müßten, und das wollten sie riskieren. Sie folgten uns also und ließen alle ihre Habe in ihren Wohnungen zurück, obgleich diese von einem nicht unerheblichen Wert war – wenigstens für arme Verbannte. Auf der Mitte des Weges aber besann sich einer von ihnen anders; es sei ihm doch unangenehm, seine ganze Habe im Stich zu lassen, und er hoffe, Gott werde ihm eine andere Gelegenheit zur Flucht bieten, welche Hoffnung sich auch bewährt hat; denn, wie ich höre, ist er kürzlich in England angekommen.

Nach einem mühseligen Marsch auf schlechten Wegen kamen wir nach zwei Stunden an dem Ort unserer Bestimmung an, ganz ermattet von Aufregung und Anstrengung. Als der Kapitän der Barke sah, daß wir fünf statt drei waren, zeigte er sich im Anfang etwas verdrießlich; aber wir beschworen ihn so eindringlich um Aufnahme aller, daß er, sei es unter dem Eindruck unserer Bitte, sei es in Aussicht auf vermehrten Gewinn, uns schließlich alle in einen kleinen Nachen, Canot genannt, aufnahm. Dieser führte uns zu der Barke, die weiter draußen im Meer lag. Dort angelangt, wechselten wir die Wäsche und tranken zur Stillung unseres brennenden Durstes eine Menge Wasser, das uns sehr elend machte während des Restes der Nacht. Aber am andern Morgen befanden wir uns wieder wohl. Der Wind war uns außerordentlich günstig, und unter Gottes Beistand legten wir im Lauf der Nacht eine gute Strecke zurück, und endlich erreichten wir am Anfang des zweiten Tages die Insel Dominique, genannt die „Insel der Wilden", wo wir eine Brigantine auf uns zukommen sahen, die uns im Anfang etwas verdächtig schien. Allein der Kapitän erkannte sogleich das Fahrzeug, an welches er die in Martinique aufgenommenen Waren abzuliefern habe und das uns demnächst weiter nach der Insel St. Christoph führen solle. So war es denn auch. Der Kapitän der Brigantine, genannt La Saussaye, aus Dieppe in der Normandie gebürtig, nahm uns sehr gut auf und versicherte uns, er werde uns für den Rest der Reise verköstigen, ohne irgend etwas dafür zu verlangen. Wir gaben darauf dem Kapitän der Barke, der Jean Baptiste hieß und römisch-katholisch war, und seinen Matrosen je ein Goldstück. Wir sind ihm das Zeugnis schuldig, daß er und seine Leute uns sehr menschlich behandelt haben. Wir erkannten auch hierin die Barmherzigkeit Gottes, der die Seinen nicht verläßt. Nachdem nun die Brigantine sämtliche Waren der Barke geladen hatte, waren wir voll Freude, weil wir glaubten, wir könnten uns endlich von einem Ort entfernen, der uns immer noch die Furcht der Verfolgung durch unsere Feinde einflößte. Allein unsere Freude verwandelte sich in Mißvergnügen, als der Kapitän der Brigantine dem Barkenführer sagte, das sei kaum eine halbe Ladung, und er müsse ihm wenigstens noch einmal so viel Waren von Martinique herbeiholen. Er bezeichnete ihm einen Platz an der Küste der „Insel der Wilden" als Stelldichein, wo sie einander finden wollten. Uns aber bat der Kapitän, der ebenfalls unserer Kirche angehörte, um Entschuldigung wegen der Verspätung um einige Tage, indem er uns versprach, er werde uns an einem sicheren Ort auf der Insel unterbringen und dort für uns sorgen. Letzteres geschah dann auch. Wir hatten Gelegenheit, elf

Tage auf dieser Insel zuzubringen, während deren wir manches Interessante erfuhren.

Am nächsten Tage ließen wir uns an das Ufer fahren und ergingen uns mit viel Freude am Meeresstrand. In einem Wald lasen wir im Neuen Testament und sangen einen Psalm. Wir sahen, wie sich eine zweite Brigantine der unseren näherte. Man holte uns, und der Kapitän, ein bekehrter Jude, lud uns ein, auf seinem Schiff zu der Insel St. Christoph zu fahren, anstatt die Rückkehr unseres Kapitäns abzuwarten. Doch schlugen wir das freundliche Anerbieten aus, da wir ein sehr großes Vertrauen zu dem Kapitän unseres Schiffes hatten. Die freie Zeit benutzten wir eifrig zum Studium von Land und Leuten. Die Einwohner sind Wilde, die nur leben, um zu essen. Sie lieben die Franzosen, die Branntwein, Brot und Zwieback gegen Fische und die Früchte ihres Landes umtauschen. Die Engländer dagegen hassen sie tödlich, weil sie auf ihren Büffeljagden sich oft auch an den Wilden vergreifen. Diese rächen sich, indem sie gelegentlich einen verirrten Engländer töten und dann gemeinsam verspeisen.

Die Barke, die wir mit Ungeduld erwarteten, kam endlich am zwölften Tag morgens um fünf Uhr wieder in Sicht. Wir kehrten zu unserer Brigantine zurück, welche die Ladung der Barke aufnahm. Wir erfuhren nun von dem Barkenführer, daß unsere Flucht in Martinique ein ungeheures Aufsehen erregt und man bei dem Generalgouverneur darauf gedrungen habe, uns zu verfolgen. Er aber war wütend geworden, hatte geschworen, er werde gar nichts tun, und ausgerufen: „Was zum Teufel, läßt man mich nicht in Ruhe? Warum schickt man mir unschuldige Leute hierher, die unfähig sind, ihr Brot zu verdienen?“ Gebe es denn nicht in Frankreich genug Gefängnisse, daß man auch noch weitere in Amerika einrichten müsse? Er hatte sich darauf beschränkt, an die Kapitäne aller Fahrzeuge, die in dem Hafen vor Anker lagen, den Befehl zu erlassen, sie dürften bei Todesstrafe keine Fahrgäste mehr aufnehmen, die nicht mit einem von ihm selbst ausgestellten Paß versehen seien. Er erzählte auch, daß in der Fluchtnacht noch vier verbannte Glaubensbrüder versucht hatten, zu entkommen. Die Barke, auf der sie zu entweichen hofften, war etwa eine Stunde von der unsrigen entfernt. Auf Anordnung der Schiffsmannschaft tauschten wir mit unseren Glaubensgenossen die Barken. Während unsere Flucht gelang, wurden jene Armen leider ergriffen und zur Insel Martinique zurückgebracht. Hier wurden sie mit Stockhieben behandelt und in Kerker geworfen. Später wurden sie bei den Festungsbauten eingesetzt. Wir dankten dem Herrn, daß er uns in so wunderbarer Weise befreit hatte.

Nachdem wir uns von der Barke getrennt hatten, verloren wir keine Zeit mehr. Wir setzten alle Segel und fuhren weiter zu der Insel St. Christoph, die wir am Beginn der folgenden Nacht erreichten. Wir warfen Anker in dem Hafen, der den Engländern gehört. Die Herren de Mainvillier und de la Cloche besuchten dort Herrn Papin, einen alten Ehrenmann unseres Glaubens, einen Mann von Reichtum und Wohltätigkeitssinn, bei dem alle seine Glaubensbrüder, die an dieser Insel landen, eine sichere Zuflucht finden. Er behielt sie zum Essen zurück, bot ihnen Geld an und erklärte sich auch zu weiteren Diensten bereit. Er riet ihnen, mit unserm Kapitän bis zu der Insel St. Eustachius zu gehen, dort würden wir ein großes holländisches Schiff finden, das binnen weniger Tage nach Amsterdam absegele. Er werde uns dem Kapitän dieses Schiffes empfehlen, und, wenn dieser Schwierigkeiten mache, so werde er selbst kommen, um die Sache zu ordnen. Wir nahmen dankend sein Anerbieten an und empfahlen ihn der Gnade Gottes. Wir kehrten nun zu unserer Brigantine zurück und fuhren weiter zu der Insel St. Eustachius, wo wir morgens um vier Uhr landeten.

Hier endlich hörten unsere Nöte auf, und wir befanden uns in Sicherheit vor unseren Feinden. Voll Dank gegen Gott setzten wir den Fuß an Land und fanden hier zahlreiche Glaubensbrüder, Franzosen und Holländer, die uns voll Freude umarmten und sich mit uns über unsere Befreiung freuten. Sie führten uns in ein Zimmer, das sie für uns bereit stellten, – für uns und andere verbannte Brüder, die wie wir durch Gottes Gnade befreit waren. Solange wir auf dieser Insel weilten, brachten uns die Bewohner die notwendigen Lebensmittel. Die Insel gehört den Holländern und wird durch einen Gouverneur aus Seeland, einen sehr feinen, jungen Herrn von nur fünfundzwanzig Jahren verwaltet. Sein Schloß liegt auf der Spitze des Berges. Er hat eine kleine Garnison und einige

Stücke Geschütz. Herr de Mainvillier und ich begaben uns in das Schloß des Gouverneurs, um dort pflichtgemäß unsere Aufwartung zu machen. Welche freudige Überraschung, als wir in der Küche des Schlosses Herrn Vignon, unsern Landsmann, meinen nahen Freund, fanden! Er war Sekretär bei dem Gouverneur. Von Freude übermannt, umarmte er mich und fand vor Rührung keine Worte. Er stellte uns dem Gouverneur vor. Als dieser durch ihn unser Unglück erfahren hatte, empfing er uns sehr freundlich und stellte sich uns zur Verfügung. Wir mußten ihm versprechen, jeden Tag bei ihm zu speisen. Er werde sein bestes tun. Danach hat er dann auch gehandelt. Auch bei den übrigen Bewohnern der Insel fanden wir eine sehr freundliche Aufnahme. Besonders dankbar waren wir, daß sie uns eine Zisterne mit gutem Trinkwasser zur Verfügung stellten. Von unserm Kapitän, Herrn Lasaussaye, nahmen wir mit herzlichen Dankesworten Abschied.

Wir wandten uns nun an den holländischen Kapitän mit der Bitte um Aufnahme in sein Fahrzeug. Allein er antwortete schnöde: Er habe schon Leute genug und könne uns nicht mitnehmen. Wir erneuerten vergeblich unsere Bitten und Vorstellungen und sahen uns endlich genötigt, zu Herrn Papin unsere Zuflucht zu nehmen. Er erinnerte sich seiner Versprechungen und erschien zwei oder drei Tage später auf unserer Insel. Allein auch er wurde im Anfang von dem Kapitän zurückgewiesen, der von sehr rauhem und mißgünstigem Charakter war. Herr Papin aber drohte ihm, er selbst werde ihm keine Ladung mehr liefern und auch seine Freunde zu einem gleichen Verfahren veranlassen. Dies wirkte, und der Kapitän entschloß sich denn endlich, uns aufzunehmen unter der Bedingung, daß Herr Papin die für uns erforderliche Kost liefere. So konnten wir uns der Zuversicht hingeben, daß Gott, der uns bis dahin so wunderbar geholfen hatte, uns auch bis nach Europa führen würde. Doch betrübte uns das Los unserer beiden Schicksalsgefährten, des Herrn de Failly und eines gewissen Daniel. Durch Vermittlung des Gouverneurs, der die Kosten übernahm, erwirkten wir jedoch für beide Plätze auf dem Schiff.

Während unseres Aufenthalts auf dieser Insel erschien Herr Marsal, ein Landsmann von uns. Er war als reformierter

Pfarrer auf die Insel St. Christophe von St. Thomas aus berufen. Auf der Insel, auf der wir uns befanden, wurde er aufgefordert, in der schönen flämischen Kirche zu predigen. Ich glaubte, Gott schicke mir diesen seinen Diener, um in seine Hände die Widerrufung des Abschwörungsaktes niederzulegen und mich von jener Unterschrift loszusagen, die ich einem römischen Prälaten gegeben hatte infolge des Zwanges und der Gewalt, die die Dragoner gegen mich ausgeübt hatten. Dieser Widerruf geschah dann auch dort von mir und mehreren andern, die Gott die Ehre gaben. In Gegenwart des Gouverneurs, des Magistrats und mehreren angesehenen Fremden wurde das Malzeichen des Tieres von unserer Stirn wieder entfernt; wir wurden daraufhin wieder in den Frieden und in die Gemeinschaft der Kirche aufgenommen. Wie tief empfand ich hier die Barmherzigkeit Gottes! Gott wolle mir Gnade geben, daß sie mir nie aus dem Gedächtnis schwinden und ich seiner Kirche die Treue halten möge. Nachdem ich von dieser Last befreit war, fühlte ich mich gefestigt in der Hoffnung, Europa wiederzusehen und mich dort wieder mit meiner armen Familie, die in alle Winde zerstreut war, zu vereinigen.

Als der Tag unserer Abfahrt gekommen war, nachdem wir drei Wochen auf dieser Insel verweilt hatten, verabschiedeten wir uns von dem Gouverneur, der unser Fahrzeug reichlich mit Kost befrachtet hatte. Er gab uns Empfehlungsbriefe an seine Freunde in den Hauptstädten von Holland und sagte uns zum Abschied noch viel Freundliches. Als die Sonne unterging, fanden wir den Hafen dicht gefüllt mit unseren Freunden – darunter Herrn Vignon – die unserer Einschiffung beiwohnen wollten und uns viel Glück auf der Reise wünschten. So schifften wir uns in das große holländische Fahrzeug ein.

Während der ganzen Reise ging es uns ziemlich gut; aber Gott strafte unsern Kapitän für seinen Frevelmut. Derselbe hatte nämlich, als er sich anfänglich weigerte, uns in sein Schiff aufzunehmen, gesagt: „Wären wir junge, schöne Mädchen, so würde er nicht die geringste Schwierigkeit machen." Zur Strafe dafür wurde er von einer sehr bösartigen und anhaltenden Fußgicht befallen, die ihn erst wieder bei unserer Ankunft in Texel[8] am 49. Tag unserer Fahrt verließ. Dieses

Beispiel einer wohlverdienten Züchtigung wird eine Lehre sein für die Ungläubigen und Freigeister, daß sie sich nicht erlauben, Betrübte und Unglückliche zu verspotten. Die Fahrt verlief stellenweise sehr stürmisch. Einmal glaubten wir uns sogar verloren. Das Wasser, das unser Schiff füllte, verlief sich aber wieder. Endlich fuhren wir glücklich in den Kanal ein. Hier wußte aber unser Steuermann, der diese Fahrt noch nicht gemacht hatte, im Anfang keinen Bescheid. Diese Unkenntnis hätte uns verderblich werden können; denn wir wären beinahe in Frankreich gelandet. Als wir aber unsern Irrtum erkannt hatten, schlugen wir eine andere Richtung ein und kamen endlich vor Texel an, wo wir einen holländischen Steuermann aufnahmen, der uns glücklich durch die gefährlichen Sandbänke durchlootste, die man dort in großer Anzahl findet.

So landeten wir in Amsterdam eine Stunde nach Mitternacht. Diese große Stadt zeichnet sich durch eine Menge von Lichtern aus, die sie die ganze Nacht hindurch erleuchten. Wir waren von ihrem Anblick so gerührt, daß wir Tränen der Freude vergossen und Gott dankten für seine Gnade, mit der er uns während unserer Reise begleitet hatte und die uns hoffen ließ, daß er das gute Werk, das er in uns angefangen, vollenden werde. Wir stiegen bei einem Franzosen ab, der aus La Rochelle gebürtig war, und hörten vor allen Dingen mit großer innerer Bewegung eine Predigt. Nach der Predigt traf ich mehrere Landsleute, die mich mit Freundlichkeiten überschütteten. Ich blieb drei Tage in Amsterdam. Die Stadt mit ihren schönen Gebäuden, mit ihren zahlreichen Brücken, den von Bäumen umsäumten Kanälen, ihrem großen Handel aus aller Herren Länder und mit ihrem schönen Hafen entzückte mich.

Von da begab ich mich nach Utrecht. Dort fanden wir viele Metzer Freunde wieder, darunter meinen Verwandten, den Pfarrer Jennet; auch meinen mehrjährigen Nachbarn aus Metz, den Kaufmann Ernelin. Während der sieben Wochen meines Aufenthaltes war ich sein Gast. Zum ersten Male feierte ich hier wieder das Heilige Abendmahl. Auch durfte ich die herrlichen Predigten der Pfarrer Saurin[9], Janisson[10], Martin[11], Jennet[12] und anderer hören. Mit Wehmut gedachte ich der vielen armen Brüder, die solches Glück entbehren müssen. Möge der Herr ihnen bald auch solchen Trost geben! Von Utrecht aus schrieb ich an einige Verwandte nach Metz, um zu hören, was aus meiner armen Familie geworden sei. Darauf erhielt ich von meiner älteren Tochter[13] die Antwort, man habe sie aus dem Kloster entlassen, ihre ganz kleine Schwester[14] aber darin zurückbehalten. Von ihrer Mutter habe sie keine neuere Nachricht; sie wisse nur, sie werde noch in einem Kloster zu Besançon in der Freigrafschaft zurückgehalten. Sie habe aber dort durch Gottes Gnade allen Versuchungen der Papisten bis zur Stunde standhaften Widerstand geleistet.

Ich benachrichtigte nun auch meine zweite Tochter[15], die in Kassel lebt als Gattin des Herrn Johann Balthasar Klaute, gegenwärtig Ober-Kriegskommissar Sr. Hoheit des Landgrafen daselbst, mit dem sie sich im Jahre 1683 in Metz verheiratet hatte. Meine Tochter schrieb ihrem Gatten, der damals auf der Rückkehr von Griechenland war mit den hessischen Truppen, die S. Hoheit der Landgraf dorthin geschickt hatte, um die Venetianer gegen die Türken zu unterstützen. Dieser empfing den Brief in Venedig, von wo aus er mir schriftlich seine freudige Teilnahme an meinem Schicksal aussprach und mich nach Kassel einlud. Dort müsse ich so lange verweilen, bis die göttliche Vorsehung mich in mein Vaterland zurückrufe und sich dort die Dinge zu Gunsten unserer Religion ändern würden.

Dieses edle Anerbieten nahm ich natürlich mit Freuden an; der Einladung leistete ich umso lieber Folge, als ich überzeugt war, daß ich in Kassel, der Hauptstadt von Hessen, einige meiner alten Freunde und Landsleute wiedersehen würde, denen es gelungen war, aus Frankreich zu fliehen, und die dort unter dem Schutz eines edelmütigen Fürsten gegen die Gewalttaten und Verfolgungen der Feinde der evangelischen Wahrheit Zuflucht gefunden hatten. Unter ihnen befanden sich auch die Herren de Vernicourt[16] und Joly[17]. Jener war dreißig Jahre Rat am Metzer Parlament gewesen. Der Landgraf brachte ihn sofort von neuem zu Titel und Ehren. Dieser, ehemals ein sehr geschätzter Pfarrer in unserem Vaterland, wirkt jetzt als Pfarrer in Kassel. Beide beziehen ein auskömmliches Gehalt.

Ich wollte Holland, diesen Garten Europas, nicht verlassen, ohne vorher die bedeutendsten Städte besucht zu haben. Ich begab mich nach Leyden und dann nach dem Haag. Hier fand ich Herrn Le Goullon, Oberingenieur, der bei seinem Herrn, dem Prinzen von Oranien, zur Zeit König von Großbritannien, in hohem Ansehen steht. Auch andere Bekannte aus Frankreich traf ich an. Vom Haag reiste ich nach Delft und dann nach Rotterdam. Hier besuchte ich den berühmten Professor Jurieu[18], früher in Sedan. Auf die Metzer Kirche war er schlecht zu sprechen und warf ihr Schwäche und Feigheit vor. Ich bat ihn, gerecht zu urteilen, und versicherte ihm, daß unsere armen Glaubensgenossen große Kämpfe durchgemacht hätten, von denen ich ja aus eigener Erfahrung wußte.

Nachdem ich mich so in Holland umgesehen hatte, nahm ich endlich die Extrapost, welche mich in neun Tagen nach Kassel führte, wo ich am zweiten Tage des Jahres 1689 eintraf. Ich wurde von meinem Schwiegersohn und meiner Tochter mit den aufrichtigsten Zeichen wahrer kindlicher Anhänglichkeit aufgenommen, die sie mir seitdem bis jetzt treulichst bewiesen haben. Ich hatte die Freude, bei ihnen auch meinen Sohn[19] anzutreffen, der sich ebenfalls der Verfolgung entzogen und bei seiner Schwester Unterkunft gefunden hatte, die ihn sehr freundlich aufnahm und ihm solange Unterhalt gewährte, bis er endlich in Ermangelung einer sonstigen Beschäftigung sich entschloß, sein Glück in Dänemark zu suchen. Hier ließ er sich bei den Truppen Sr. dänischen Majestät anwerben, die sich damals nach Irland einschifften, um dort Wilhelm von Oranien Beistand zu leisten. Leider nahm diese Unternehmung einen sehr traurigen Ausgang; denn der Sturm jagte die Flotte auseinander, und das Schiff, auf dem sich mein Sohn befand, wurde an die Küste von Frankreich verschlagen, wo er und die übrigen Soldaten gefangen genommen und nach Dünkirchen abgeführt wurden. Das war ein neuer Gegenstand des Kummers für mich; aber ich tröstete mich damit, daß der Herr über seine Geschöpfe verfügt, und daß er allmächtig ist, um uns von unseren Leiden zu befreien, sobald er dies zu unserm Seelenheil für nötig hält. Es blieb mir jetzt nur noch übrig, für meine dritte Tochter[20] zu sorgen, die ich im Alter von vierzehn Jahren im Beginn der Verfolgungen aus Metz gerettet und während der seitdem verflossenen vier Jahre einem Rat aus Stuttgart anvertraut hatte. Er hielt sie sonst gut, versuchte aber als eifriger Lutheraner meine Tochter zu dieser Konfession zu bekehren. Das war der Grund, warum ich an diesen Herrn schrieb und ihn bat, meine Tochter unverzüglich nach Kassel zu schicken. Dort sollte sie von neuem die Vorzüge ihres Glaubens erkennen und lernen wie sie ihrem Gott dienen müsse. Von seiner Barmherzigkeit sollte die Befreiung ihrer Mutter, ihres Bruders und ihrer Schwester bewirkt werden, damit sie erlöst würden aus den Klöstern und Gefängnissen, in welchen man sie festhielt. Der Herr wolle diesen Gnadenerweis den vielen anderen, die mir seine väterliche Milde bereits erwiesen, noch hinzufügen. Darum bitte ich ihn im Namen und um des Verdienstes seines vielgeliebten Sohnes willen, unsers göttlichen Erlösers, der mit dem Vater und dem heiligen Geist gepriesen sei in Ewigkeit. Amen.

Überarbeitete deutsche Übersetzung – unter Verwendung punktueller Korrekturen von Dr. Hans Joachim Schmitt – nach *Michaelis*, Otto/*Ribstein*, Fritz (Hrsg. und Übers.): „Als die Sterbenden und siehe wir leben!" Des Notars Olry Erlebnisse während der Schreckenszeit der Metzer evangelischen Kirche nach der Aufhebung des Edikts von Nantes. Von ihm selbst erzählt. Deutsche Ausgabe. Magdeburg 1914. S. 7-44. = Geschichtsblätter des Deutschen Hugenotten-Vereins. Bd 14. H. 4.

Anmerkungen:

1 Vgl. *Poirier*: Metz. Documents généalogiques. Paris 1899. S. 474. Das Todesdatum ist unbekannt; denn es wird überraschenderweise nicht angegeben bei *Dreusicke*, Hugo: Die französischen Gemeinden in Kassel 1687–1867. Frankfurt a. M. S. 326. = Deutsche Ortssippenbücher. Bd 27. *Kadell*, Franz-Anton: Die Hugenotten in Hessen-Kassel. Darmstadt und Marburg 1980. S. 187. = Quellen und Forschungen zur hessischen Geschichte. 40, teilt mit, daß am 23. 3. 1706 der Amtsnachfolger Olrys eingesetzt worden sei. Freundlicherweise von Herrn Archivdirektor Dr. Fritz Wolff, Marburg, unternommene Recherchen sind ohne Ergebnis geblieben.

2 Vgl. *Kadell*: a. a. O. S. 374–376. Kadell hat auf breiter Quellenbasis u. a. erstmals die Französische Kommission bzw. Französische Kanzlei als besondere Behörde für die Einwanderung von Hugenotten und Waldensern in Hessen-Kassel – zuständig für alle Flüchtlingsangelegenheiten, vor allem für die Rechtsprechung – erforscht und dargestellt.

3 Da die Ausgabe der Olryschen Memoiren von Othon Cuvier in ihrem Anmerkungsapparat zu den meisten der im folgenden erwähnten Personen biographische Daten nennt, ist auf entsprechende Angaben hier verzichtet worden. Der genealogisch interessierte Leser sei darauf sowie auf die Quellen- und Literaturtitel am Ende des Bandes hingewiesen.

4 Vgl. Offenbarung 14, 9

5 Heute 51507 Sainte-Menehould, Dep. Marne.

6 Heute 51108 Châlons sur Marne.

7 Heute 79269 Saint-Maixent-de-Beugné, Dep. Deux-Sèvres.

8 Gemeint ist die niederländische Insel Texel.

9 Elie Saurin (1639–1703) stammte aus Usseau und wirkte nach verschiedenen Zwischenstationen des niederländischen Refuge zuletzt als bedeutender theologischer Schriftsteller und Kanzelredner in Utrecht. Vgl. Artikel Saurin in *Haag*: La France protestante. Bd 9. Paris 1859; Nachdruck: Genf 1966. S. 174–175.

10 Michel Janiçon, vordem Pfarrer in Blois, arbeitete seit 1686 als wallonischer Pfarrer in Utrecht. Vgl. Artikel Janiçon in *Haag*: a. a. O. Bd 6. Paris 1856; Nachdruck: Genf 1966. S. 30.

11 David Martin (1639–1721) blieb im niederländischen Refuge dem Utrechter Pfarramt treu, obwohl der bedeutende Bibelübersetzer und Theologe zahlreiche Rufe an Universitäten erhalten hatte. Vgl. Artikel Martin (David) in *Haag*: a. a. O. Bd 7. Paris 1857; Nachdruck: Genf 1966. S. 297–300.

12 Jean Jennet war von 1668 bis 1685 als Pfarrer der Hugenottenkirche in Courcelles-Chaussy tätig und erhielt nach 1685 eine Pfarrstelle in Utrecht. Vgl. Artikel Jennet (Jean) in *Haag*: a. a. O. Bd 6. Paris 1856; Nachdruck: Genf 1966. S. 69.

13 Judith Olry, geboren 1654. Vgl. *Poirier*: a. a. O. S. 474. Nr VI, 4.

14 Suzanne Olry, geboren 1679. Vgl. *Poirier*: a. a. O. S. 475. Nr VI, 18.

15 Anne Olry, geboren 1659, hatte 1682 in Metz den hessischen Kriegskommissar Klaute geheiratet. Vgl. *Poirier*: a. a. O. S. 474. Nr VI, 6; Artikel Klaute (Johann Balthasar) in *Strieder*, Friedrich Wilhelm: Grundlage zu einer hessischen Gelehrten- und Schriftsteller-Geschichte. Bd 7. Kassel 1787. S. 129–140.

16 Frédéric de Lalouette de Vernicourt, einer bedeutenden Metzer Familie entstammend, wurde im hessen-kasselschen Refuge zum adeligen Rat und Kommissar für französische Angelegenheiten ernannt. Er verstarb in Kassel 1698. Vgl. *Kadell*: a. a. O. S. 370–372; *Dreusicke*: a. a. O. S. 432.

17 Paul Joly, Pfarrer und Theologieprofessor in Sedan, wirkte von 1685 bis zu seinem Tod 1710 als Pfarrer der Französisch-Reformierten Kirchengemeinde Kassel. Vgl. *Dreusicke*: a. a. O. S. 231.

18 Pierre Jurieu (1637–1713), Professor für Hebräisch an der hugenottischen Akademie in Sedan, wirkte seit 1681 als Pfarrer und Theologieprofessor in Rotterdam, wo er zu einem der führenden Staatstheoretiker des Refuge wurde. Vgl. Artikel Jurieu (Pierre) in *Haag*: a. a. O. Bd 6. Paris 1856; Nachdruck: Genf 1966. S. 104–113.

19 Bei Poirier (a. a. O. S. 474. Nr VI, 1 und 3) werden zwei Söhne mit dem Namen Jean angeführt, und zwar geboren 1650 und 1652.

20 Marie Olry, geboren 1675; denn die 1674 geborene Tochter desselben Namens dürfte inzwischen verstorben sein. Vgl. *Poirier*: a. a. O. S. 474. Nr VI, 15; S. 475. Nr VI, 16.

Quellennachweis:

Das Manuskript der Aufzeichnungen ist verschollen; noch zu Lebzeiten Olrys wurde eine Ausgabe für den Familien- und Freundeskreis veröffentlicht:
La persecution de l'église de Metz descrite par le Sr. Jean Olry, cy-devant advocat au parlement & notaire royale en ladite ville et dediée à sa famille [...]. Hanau: Samuel Ammon 1690. 182 S.

Die Ausgabe war in einem Exemplar unter der Signatur H. Eccl. Sanctor. 8° 20 in der Landesbibliothek Kassel vorhanden, verbrannte aber im Zweiten Weltkrieg. Alle Bemühungen über die Fernleihe in der Bundesrepublik, den Niederlanden, der Schweiz und in Metz blieben erfolglos. Das bisher einzige Exemplar des Hanauer Drucks ist nachgewiesen in:
The National Union Catalog. Pre–1956 Imprints. Bd 430. Mansell 1976. S. 132. The New York Public Library machte entgegenkommenderweise eine Kopie des dortigen Bandes zugänglich.

de M., A.: La persécution de l'église de Metz descrite par le Sieur Jean Olry cydevant advocat au parlement et notaire royal en ladite ville [...]. Hanau: Samuel Ammon 1690. In: Bulletin de la société de l'histoire du protestantisme français. Paris 1858, 6. Jg., S. 309–314.
In der Rubrik „bibliothéque historique“ wird eine kurze Inhaltsangabe anhand des Exemplars in der „Kasseler Bibliothek“ gebracht. Warum die Zuschrift aus Kassel – datiert „Mai 1854“ – erst so spät publiziert worden ist, bleibt unbekannt.

Textkritische Edition des Kasseler Exemplars:
Cuvier, Othon (Hrsg.): La persécution de l'église de Metz décrite par le Sieur Jean Olry. 2. Ausgabe. Paris 1859. 268 S.

Umfangreiche Benutzung der vorstehenden Ausgabe in :
Thirion, Maurice: Etude sur l'histoire du protestantisme français à Metz et dans le pays Messin. Nancy 1884. S. 317 ff.; 4. Teil: Kap. 3–6.

Auszugsweise deutsche Übersetzung unter der Überschrift „Der Notar von Metz" in:
Braun, Karl: Aus der Mappe eines deutschen Reichsbürgers. Kultur-Bilder und Studien. Bd 1. Hannover 1874. S. 106–168.

Umfangreiche, zum Teil wörtliche Benutzung in:
Dietsch, Johann Friedrich: Die evangelische Kirche von Metz. Wiesbaden 1888. S. 273 ff.; 2. Aufl. Metz 1910. 5. Teil: Kap. 2 und 3.

Knapper Auszug aus Olrys Erlebnissen nach 1685 in:

Michaelis, Otto: Aus der Geschichte der Metzer evangelischen Gemeinde. Metz 1906. S. 41–44; 2. Aufl. 1911. S. 41–44. = Volksschriften für das evangelische Lothringen. H. 1.
Unveränderte Übernahme der 2. Aufl. Magdeburg 1914. S. 41–44. Geschichtsblätter des Deutschen Hugenotten-Vereins. Bd 14. H. 3.

Unter Benutzung der Braunschen Abschnitte erschien eine bis auf die „naturwissenschaftlichen Schilderungen der amerikanischen Inseln" vollständige deutsche Übersetzung von:
Michaelis, Otto / *Ribstein*, Fritz (Hrsg. und Übers.): „Als die Sterbenden und siehe wir leben!". Des Notars Olry Erlebnisse während der Schreckenszeit der Metzer evangelischen Kirche nach der Aufhebung des Edikts von Nantes. Von ihm selbst erzählt. Deutsche Ausgabe. Metz 1913. 45 S. = Volksschriften für das evangelische Lothringen. H. 6.

Unverändert übernommen: Magdeburg 1914. 45 S. = Geschichsblätter des Deutschen Hugenotten-Vereins. Bd 14. H. 4.

Vollständig wieder abgedruckt in: Der deutsche Hugenott. Mai 1964, 28. Jg., Nr. 2, S. 53–57; Oktober 1964, 28. Jg., Nr. 3/4, S. 83–95; Januar 1965, 29. Jg., Nr. 1, S. 19–31; Mai 1965, 29. Jg., Nr. 2, S. 55–63; August 1965, 29. Jg., Nr. 3, S. 88–89.

Paraphrasierende Wiedergabe der Memoiren in:
Michaelis, Otto: Johann Olry, eine Leidensgestalt aus der lothringischen Hugenottenkirche. In: *Michaelis*, Otto (Hrsg.): Die evangelische Kirche in Lothringen in Vergangenheit und Gegenwart. Metz 1917. S. 37–44.

Stationen im deutschen Refuge

Die Memoiren des Buchhändlers Jacob Etienne

Im Kasseler Refuge zeichnete Jacob Estienne/Etienne (1655–1732) seinen Lebensbericht für die eigene, zahlreiche Familie auf, deren Mitglieder zeitweilig in verschiedenen deutschen Territorien eine neue Existenz aufzubauen versuchten (vgl. Übersicht am Ende des Textes). Der Verfasser – vermutlich Nachfahre der berühmtesten Buchdruckerfamilie Frankreichs[1] – entwickelte dabei auch literarischen Ehrgeiz. Als junger Mann war er aus dem reformierten Elternhaus ausgebrochen und hatte eigene, zum Teil abenteuerliche Wege beschritten. An seinen Geschwistern und Kindern erlebte er die Problematik des nur überlieferten Glaubensbekenntnisses. Seinen Erfolg in Kassel als Papier- und Buchhändler, Verleger und Begründer einer Druckerei, die dort bis ins 19. Jahrhundert fortbestand[2], schrieb er stets dem Segen Gottes zu. Der überzeugte Calvinist und langjährige Kirchenälteste sah in allen Rückschlägen geschäftlicher und persönlicher Art das erziehende Handeln Gottes an ihm selbst und die „göttliche Vorsehung" insgesamt.

1679

Wieder in Metz angelangt[3], bat ich meinen Vater, mich nach Deutschland oder Holland auswandern zu lassen. In meinem Alter konnte ich mühelos die andere Sprache erlernen und im Laufe der Zeit ein solides Geschäft gründen, damit wenn es in Frankreich zum äußersten käme, meine Niederlassung der Familie als Asyl dienen könnte.

Da mein Vater sehr um mich besorgt war, machte er mir den Vorschlag, daß, da er selbst nun schon älter sei, und ich

LA PERSECUTION DE L'EGLISE DE METZ

Descrite
par
Le Sr. Jean Olry,
Cy-devant Avocat au Parlement & Notaire Royal en
ladite Ville,
&
Dediée à sa Famille.

Où l'on voit en même tems plusieurs curiositez, que l'Auteur a remarquées pendant son Exil dans l'Amerique, tant à l'égard des mœurs & coûtumes de ces Peuples, qu'à l'égard des fruits & autres raretez qui se trouvent dans ce païs éloigné.

HANAU,
Par SAMUEL AMMON.
1690.

sein ältester Sohn, es sehr angebracht sei, wenn ich bei ihm bliebe. Meine Mutter, die ganz der Ansicht des Vaters war, bestimmte mich schließlich, so daß ungeachtet eines unangenehmen Vorgefühls, das ich hatte, ich mich schließlich zum Dableiben bewegen ließ. Mein Vater, der außer dem Beruf des Buchhändlers noch der Kaufmannszunft angehörte und der mich seit meiner frühen Jugend in diese Zunft hatte aufnehmen lassen, überzeugte mich davon, daß es gut wäre, mich in diesem Beruf niederzulassen.

Er gab mir einen kleinen Grundstock an Haushalts- und Kurzwaren und eröffnete mir einen Laden ganz in seiner Nähe.

So konnte ich meinen Lebensunterhalt auf anständige Weise verdienen, ungeachtet der Ausgaben, zu denen mich mein Junggesellenleben zwang. Ich nahm die Mahlzeiten stets bei meinen Eltern ein. Mein Vater und meine Mutter wiesen mich oft auf die Notwendigkeit einer Heirat hin, was für mich ein geregelteres Leben zur Folge haben würde. Ich entschloß mich schließlich, ihrem Rat zu folgen. Es war mir klar, daß es sehr schwierig war, das Heil im Junggesellenleben zu finden, es sei denn, man hätte außerordentliche Gaben oder Begabungen, die Gott nicht jedem verlieh.

Nachdem ich viele Freundinnen gehabt hatte, entschloß ich mich nun, um Eure Mutter zu werben. Sie nahm mich sehr freundlich auf. Nach einigen Monaten der Bekanntschaft bat ich selbst bei ihrer Mutter um ihre Hand, die mir gegeben wurde. Sie war ungefähr achtzehn Jahre, sie war die Tochter des verstorbenen Tuchhändlers Samuel Gremecieux[4] und seiner Gemahlin Sara Simon, beides ehrenwerte Menschen. Dieses Ehepaar hatte ihre Tochter in Frömmigkeit, Bescheidenheit und Zurückhaltung erzogen. Dies sind schätzenswerte Eigenschaften und selten in unserem Jahrhundert. Es ist das, was ein ehrenwerter Mann vor allem suchen, und es Besitz und Gütern vorziehen sollte. Auch ich besaß zur Zeit meiner Eheschließung nicht viel Vermögen.

1680

Nachdem über die Bedingungen Einigkeit erreicht und der Ehekontrakt geschlossen war, verlobten wir uns am 29. August und heirateten am 15. September 1680. Unser Hochzeitstag fiel mit dem Geburtstag meines Vaters zusammen. Mein Vater sparte an nichts, um dieses doppelte Fest feierlich zu begehen, jedoch ohne das Getöse von Geigen und Tänzen. Denn die Lage, in der sich unser Glaube jetzt befand, war so ernst, daß es für Menschen, denen diese Glaubensdinge nahe gingen, unmöglich war, sich mit solchen Albernheiten zu vergnügen.

Ich hütete mich auch vor den Eitelkeiten, was sehr in Mode war. Ich hielt mich an eine anständige Bescheidenheit, der sich meine Frau freiwillig anschloß, und wir haben uns dabei gut befunden.

Nach meiner Heirat gab ich den größten Teil der früheren Geselligkeiten auf, und ich lebte recht zurückgezogen in meinem Heim. Besondere Aufmerksamkeit widmete ich meinen Geschäften. Auch ließ mich Gott Erfolg haben; denn meine Geschäfte gingen gut. Ich hätte allen Grund gehabt, zufrieden zu sein, wenn ich nicht schmerzlich mit angesehen hätte, wie unsere Religionsausübung immer mehr durch Edikte und Erlasse des Staatsrats untergraben wurde. Die Ediktkammern wurden Schritt für Schritt aufgelöst und die Ämter und Stellen weggenommen, die unseren Vätern durch das Edikt von Nantes gewährt worden waren.

1681

Inzwischen segnete Gott unsere Ehe durch die Geburt meiner Tochter Anne Jeanne am 16. Oktober 1681.

Der König, dessen Macht und Hochmut über alle Maßen gestiegen waren, verfolgte außer dem Plan, unsere Konfession in seinem Königreich zu zerstören, ein nicht weniger bedeutsames Vorhaben: Er wollte alle seine Nachbarn erniedrigen und sich damit den Weg zur universellen Herrschaft bahnen. Er wäre – menschlich gesprochen – sowohl an das eine als auch an das andere Ziel gelangt, wenn er nur jeweils ein Projekt ausgeführt hätte.

1682

Aber Gott schlug ihn mit Blindheit, um das Erbe der Reformation zu bewahren. Viele unterdrückte Menschen, die täglich das unglückliche Königreich verließen, ergossen sich in alle protestantischen Staaten und erzählten dort ausführlich vom Schrecken sowie Entsetzen.

Um zur gleichen Zeit seinen anderen Plan zu verwirklichen, ließ er in Metz und Breisach[5] Reunionskammern errichten, die mit alten, nicht mehr gebräuchlichen und von Nancy[6] abgeleiteten Titeln vorgaben, mit Frankreich noch mehr Länder vereinigen zu wollen, als der Frieden von Nijmwegen[7] Frankreich bereits eingebracht hatte. Viele Fürsten und Grafen des Heiligen Römischen Reiches deutscher Nation wurden daher vorgeladen, um dem französischen König den Lehenseid zu leisten. Die meisten wollten dem jedoch nicht nachkommen. So sandte der König Truppen in ihre Gebiete, die dort auf Kosten der Besitzer lebten, unterstützt von Armeen, die an der Grenze lagerten. Weder der König von Spanien[8] noch der Prinz von Oranien[9] waren vor solchen Vorladungen sicher. Ich habe mit eigenen Augen gelesen, wie letzterer in einem Plakat, das man am Tor des Metzer Palastes angeschlagen hatte, mit den folgenden Worten vorgeladen wurde: „Es wird Wilhelm Heinrich, dem sogenannten Prinzen von Oranien, wohnhaft im Haag, befohlen, in eigener Person oder durch einen Bevollmächtigten zu erscheinen. usw."

1683

Im übrigen war das Heilige Römische Reich ziemlich beschäftigt an der Grenze nach Ungarn, wo die Türken mit einem riesigen Heer eingefallen waren. Aber die kaiserliche Armee unter dem Kommando des Herzogs von Lothringen[10] war außerstande, dem Feind die Stirn zu bieten.

Daher begnügte sich dieser große Fürst damit, einen Generalangriff zu vermeiden und eine mächtige Garnison nach Wien zu werfen, das die Türken mit allen Kräften belagerten. Die Belagerung war hart und mörderisch. Ungeachtet aller Anstregungen mußten die Türken die Belagerung verschämt abbrechen beim Herannahen der kaiserlichen und polnischen Armeen, befehligt im Monat September 1683 vom polnischen König Johann Sobiesky[11].

Am 15. September 1683 wurde mein Sohn Jacob geboren, und Gott segnete meine Geschäfte mehr und mehr.

Im folgenden Jahr 1684 verlor Ludwig XIV. – immer unruhig – seine beiden Vorhaben nicht aus den Augen und fuhr fort, uns zu bedrücken. Er wollte die Verwirrung, in der sich das Hl. Römische Reich befand, und die Schwäche des Königs von Spanien ausnutzen. Er ließ Luxemburg blockieren, um es durch Hunger zu bezwingen. Als sich das Unternehmen in die Länge zog, erteilte er dem Marschall de Créqui[12] den Befehl, die Stadt mit einem Heer von 30.000 Soldaten zu belagern. Da Luxemburg keine Hilfe zu erwarten hatte, mußte es sich ergeben[13]. Daraufhin zwang Ludwig den Kaiser zu einem zwanzigjährigen Waffenstillstand und bekam die öffentliche Bestätigung aller Besitzungen, die er an sich gerissen hatte. Aber er hielt den Waffenstillstand ebenso [wenig!] gut, wie er den Frieden gehalten hatte. Denn kaum hatte er den Friedensvertrag unterzeichnet, als er sich Casales, einer bedeutenden Stadt Montferrats[14], und der Reichsstadt Straßburg[15] bemächtigt hatte. Er tat es unter einem so lächerlichen Vorwand, daß man schon blind sein mußte, um nicht das Ziel zu erkennen, dem er zustrebte.

Auch alle katholischen und protestantischen Fürsten erwogen einen geeigneten Zusammenschluß, um diesen reißenden Strom aufzuhalten. So kam die berühmte Liga von Augsburg zustande.

Währenddessen waren die armen Reformierten Frankreichs immer noch die Zielscheibe der Wut der Geistlichkeit, die sie nicht in Ruhe ließ. Jeden Tag gab es neue Edikte, eines gegen die sogenannten rückfälligen Ketzer; ein anderes Edikt erlaubte den Kindern Reformierter, zum katholischen Glauben überzutreten, – und dies ab dem siebten Lebensjahre gegen den Willen der Eltern. Ein drittes Edikt verbot den protestantischen Hebammen, ihren Beruf auszuüben. Unsere armen Glaubensbrüder wurden in allen Provinzen des Königreiches bis zum äußersten gepeinigt. Der größte Teil der reformierten Kirchen wurde abgerissen. Die Pfarrer waren ohne Gemeinden, die Gemeinden ohne Pfarrer. Sie waren den Schmähreden der Bigotten ausgesetzt, sie wurden gequält von Missionaren und „Bekehrern", die gegen sie hetzten.

Alle diese Undinge stützten sich auf die königliche Autorität, welche die Bischöfe und Intendanten ständig im Mund führten. Das einzige, was sie antworteten, wenn man sich beklagte, war: „Der König will es!" Sie zogen so den Willen des Königs dem Willen Gottes vor.

Einige Reformierte wollten sich nach der Zerstörung der Kirchen in Privathäusern oder im Freien versammeln, um den Namen Gottes anzurufen. Sie wurden von den gegen sie entsandten Truppen wütend angegriffen und unbarmherzig niedergemetzelt: ebenso solche, die sich zur Wehr setzten, wie diejenigen, die durch ihr Alter oder Geschlecht nicht zur Gegenwehr in der Lage waren. Greise, Frauen und Kinder fanden kein Mitleid. Man hängte oder schickte auf die Galeeren alle, die man erwischen konnte. Die Pfarrer, die zugegen gewesen waren oder die auch nur ihre Zustimmung gegeben hatten, wurden zum Tod durchs Rad verurteilt, was auch ohne Gnade sofort nach ihrer Festnahme ausgeführt wurde. Es wurde den Juristen, den Advokaten, Ärzten, Bürgermeistern und anderen die Ausübung ihres Berufes verboten. Es war uns untersagt, nach unserem Glauben zu leben. Das zwang viele Menschen, alles zu verlassen, um sich dieser unrechtmäßigen Unterdrückung zu entziehen. So zogen sie in fremde Länder. Aber der König, der nicht wollte, daß sich sein Königreich entvölkerte, verbot allen seinen Untertanen, es zu verlassen: bei Galeerenstrafe für die Männer und dauernder Gefängnisstrafe für die Frauen.

1685

So ging es in das Jahr 1685. Die schrecklichen Nachrichten über die oben erwähnten Vorfälle verdoppelten sich. Dadurch entschloß mein Vater sich schließlich, mich Ostern zur Frankfurter Messe gehen zu lassen. Unter diesem Vorwand sollte ich versuchen, ein Asyl für uns zu finden. Ich führte einen Packen Bücher mit mir; in diesem Packen waren eintausend Louis d'Or in Münzen versteckt, was meinem Vater gehörte. Ich ließ diesen Packen bei einem Freund in Aufbewahrung zurück und begab mich von dort nach Heidelberg, wo Kurfürst Karl[16] noch lebte.

Von diesem guten Fürsten erreichte ich alles, was ich für

meine Niederlassung erbat. Als Vermittler hatte ich Dr. Fabrice[17], Magnifizenz und Rektor der Universität, und Dr. Mieg[18], berühmten Theologieprofessor.

Nachdem ich diese Angelegenheiten geregelt hatte, kehrte ich nach Metz mit der Absicht zurück, die Gunst dieses gütigen Fürsten bald zu nützen. Mein Vater und meine Mutter widersetzten sich dem noch, sie hatten unsere Pfarrer auf ihrer Seite. Sie wiegten sich immer noch in dem Glauben, daß wir, die wir an der Grenze lagen, verschont bleiben würden. Man hielt mir eindringlich das Verbot vor, das Königreich ohne Erlaubnis zu verlassen. Das bewog mich, Herrn de Louvois[19] in dieser Angelegenheit zu schreiben. Ich erhielt aber keine Antwort. So blieb ich also mit den anderen da, denen es nicht besser erging als unseren armen Brüdern und die so wenig verschont wurden wie sie.

Zwei Ereignisse, die bei dieser Gelegenheit zusammenfielen, bewogen den König, zum letzten Schlag gegen uns auszuholen: nicht nur in Frankreich, sondern in allen Orten, wo er seine Macht geltend machen konnte. Das eine war der Tod König Karls II. von England[20]. Trotz seines öffentlichen Bekenntnisses war er ein sehr schlechter Protestant, der zu sehr das Vergnügen liebte, als daß er große Pläne verfolgt hätte. Deshalb war er nicht vertraut mit den Jesuiten, die große Beweglichkeit entwickeln, wenn es gilt, uns zu schaden. Sie fanden, wie man allgemein glaubt, ein Mittel, sich seiner zu entledigen.

Der Herzog von York, sein Bruder, einer der schlimmsten Papisten und gehorsamer Sohn der Gesellschaft Jesu, erschien den Jesuiten viel besser für ihre verbrecherischen Pläne geeignet. Er wurde der Nachfolger seines Bruders unter dem Namen Jakob II.[21], obwohl er sich als Papist bekannt hatte. Die Engländer ließen erkennen, daß der Glaubenswechsel einen Fürsten nicht von der Krone ausschloß, selbst wenn sein Bekenntnis anders war als das seines Staates. Ganz anders lagen die Verhältnisse beim römischen Glauben, der niemals Heinrich IV.[22] als König von Frankreich hatte anerkennen wollen, wenn er nicht auf seinen reformierten Glauben verzichtete. Jener Fürst also – der Herzog von York –, einer der scheinheiligsten, arbeitete seit langem im Einverständnis mit

Frankreich und in Übereinstimmung mit seinem Gefühl. Der eifrige Bekehrer war demnach eine sehr geeignete Persönlichkeit, um die große Zerstörungsarbeit an den Reformierten zu vollenden.

Das andere Ereignis, das den Absichten des Königs entsprach, war der Tod des Kurfürsten Karl von der Pfalz, eines guten protestantischen Fürsten, der als Nachfolger den Herzog von Neuburg[23] hatte, einen eifrigen Papisten. Frankreich kannte nun keinerlei Grenzen mehr in der Behandlung seiner armen protestantischen Untertanen.

Das Edikt von Nantes und alle anderen Erlasse zu Gunsten der Protestanten wurden durch ein Edikt des Königs widerrufen, das im Oktober gegeben wurde[24]. Der übertriebene Eifer und der Geist der Schurkereien derjenigen, welche die Edikte des Königs diktierten, kompromittierten in schändlicher Weise die Ehre und das Wort des Königs: Nachdem alle Edikte widerrufen waren, wurde jetzt die Zerstörung aller protestantischen Kirchen, die noch standen, angeordnet und den Pfarrern, die nicht Papisten werden wollten, wurde befohlen, unverzüglich das Königreich zu verlassen, andernfalls ihnen die Todesstrafe drohte. Sie mußten ihre über sieben Jahre alten Kinder und ihren ganzen Besitz verlassen.

Diese Edikte versprachen allen anderen Reformierten, die sich ruhig verhalten hatten, daß man sie wegen ihres protestantischen Glaubens nicht belästigen würde. Die Voraussetzung war, daß sie keine öffentlichen Versammlungen abhielten. Zur gleichen Zeit, in der man ihnen diese Versprechen machte, bedrückte man sie durch eine außergewöhnliche Einquartierung von Soldaten. Diese Soldaten hatten den Befehl, auf Kosten ihrer Quartiergeber bei ihnen zu wohnen und diese in jeder nur erdenklichen Weise zu schikanieren, bis sie sich bereit erklärten, ihrem Glauben schriftlich abzuschwören.

Es kam häufig vor, daß man Protestanten dazu zwang, ihrem Glauben abzuschwören. Gelegentlich wurden sie gewaltsam zur Kommunion gezwungen, obwohl dies gegen ihre Überzeugung verstieß und sie das als Sakrileg empfanden.

Die protestantischen Männer, die Haltung genug hatten, diesen Henkern entgegenzutreten und deren Geduld zu erschöpfen, wurden unbarmherzig in die Gefängnisse geworfen, auf die Galeeren und nach Amerika geschickt. Man steckte die Frauen in Klöster. In der Tat wurden diese barbarischen und unmenschlichen Verfahren, die eines christlichen Fürsten völlig unwürdig waren, von dem größten Teil der vernünftigen Katholiken kritisiert und abgelehnt, mehr noch, diese zitterten sogar bei dem Gedanken an alle die an den Protestanten begangenen Greuel. Aber die Jesuiten, die diese Handlungen guthießen, waren auf dem Gipfel der Freude angelangt.

Die Nachricht vom Widerruf des Nanter Edikts kam am Sonnabend, dem 20. Oktober in Metz an, zugleich mit dem Befehl, unsere Kirche zu zerstören. Der Intendant ließ sich am Abend die Schlüssel der Kirche herausgeben und verbot für den kommenden Tag die Benutzung der Kirche. Diese Nachricht breitete sich aus und versetzte unsere arme Gemeinde in äußerste Verzweiflung.

Ich befand mich in jenem Augenblick bei meinem Vater, der auch sehr mitgenommen war von dieser neuen Nachricht. Gemeinsam mit einem Freund machte mein Vater mir einige Fluchtvorschläge, die mir aber nicht so gut erschienen wie die, die ich im Kopf hatte. Ich besprach mich noch an jenem Abend mit meiner Frau, die in allem ganz meine Ansicht teilte, d. h. wir entschlossen uns, unseren ganzen Besitz zurückzulassen, um unser Gewissen zu beruhigen.

Am Sonntag zogen wir unsere beiden Kinder mit ganz einfacher Kleidung an, nahmen sie an die Hand und begaben uns an eines der Stadttore. Von dort wollten wir nach St. Julien[25], einer Art von Vorort. Meine Schwiegermutter hatte dort ein kleines Landhaus. Auf dem Weg begegneten wir einigen Papisten, die uns bespöttelten und die schon unser Elend verhöhnten. Sobald wir in dem Haus meiner Schwiegermutter ankamen, ließ ich meine Frau und meine Kinder dort und kehrte in die Stadt zurück, um ihr meine Dienstmagd und unser Silbergeschirr zu schicken sowie etwas Wäsche. Ich wagte nicht viel zu senden aus Angst, es könne entdeckt werden, so daß man Verdacht schöpfte und uns verhaften ließ.

Mein Vater, meine Mutter und meine Schwiegermutter machten alle nur möglichen Anstrengungen, mich zurückzuhalten. Sie sagten mir, daß, wenn ich bei der verbotenen Flucht ergriffen würde, ich selbst auf die Galeeren und meine Frau in ein Kloster käme. Ich wußte, daß dem so war; indessen gab Gott mir die Festigkeit, allen diesen Argumenten gegenüber standhaft zu bleiben. Da mein Vater dies erkannte, sagte er mir: „Nun, mein Sohn, ich bitte Gott, daß er Euch begleiten möge, und bitte Dich, Deinen kleinen Bruder mitzunehmen." Das versprach ich, mit Freuden zu übernehmen. Er war das jüngste seiner Kinder mit Namen Jacques. Er war ungefähr elf Jahre alt; er wurde zu meiner Frau gebracht. Ich nahm dann alles Geld zu mir, das ich im Hause hatte.

Ich kehrte wieder zu meiner Frau und unseren Kindern zurück und fand bei ihnen meinen Schwager Blanchois[26], seine Frau und ihre vier Kinder. Man hatte nach einem kleinen Wagen ausgeschickt. Wir setzten unsere Frauen und Kinder in den Wagen und gingen selbst zu Fuß hinterher. Der Pächter meiner Schwiegermutter drückte uns sein Erstaunen darüber aus, daß wir alles verlassen wollten und uns in das Ungewisse begäben. Er war Papist, aber ein guter Mensch. Wir ließen ihn wissen, daß wir unsere Meinung nicht ändern würden. Nachdem wir ihm Lebewohl gesagt hatten, nahmen wir den Weg nach Courcelles[27], einem schönen Dorf, vier Stunden von Metz entfernt. Courcelles war von vielen Reformierten bewohnt, welche an diesem Tag noch versammelt waren, um zu Gott zu beten. Wir kamen bei Einbruch der Nacht dort an und wurden von diesen guten Menschen, unseren Brüdern, mit wahrhaft christlicher Liebe empfangen wegen unseres bedauernswerten Geschicks, das bald auch sie bedrohen könnte.

Während unsere Frauen sich um die Kinder kümmerten, suchten mein Schwager und ich einen Wagen, der uns weiter fortbringen sollte. Nachdem wir uns etwas ausgeruht hatten und unser Wagen angekommen war, setzten wir unsere Familien darauf und zogen noch vor Tagesanbruch los. Wir hatten unterwegs keinerlei unangenehme Begegnung. Am Abend erreichten wir Saarbrücken, wo wir die Nacht verbrachten. Am nächsten Morgen ging es mit einem anderen Wagen weiter, und wir passierten ohne jede Schwierigkeit die Brücke. Wir trafen keine Wachen und kamen noch am gleichen Tag in Zweibrücken an.

Wir ließen am nächsten Tag unsere Familien da und machten uns nach Homburg auf. Wir begrüßten den Herrn Intendanten la Goupillére[28]. Wir sagten ihm, daß wir uns gern in Homburg niederlassen wollten, womit er völlig einverstanden war und uns seinen Schutz versprach. Er versicherte uns, daß es die Absicht des Königs sei, in der Saarprovinz niemand wegen seines Glaubens zu beunruhigen. „Gehen Sie nur", sagte er, „und holen Sie schnell Ihre Familien und Sachwerte hierher; denn hier sind Sie in Sicherheit."

Noch am gleichen Tag kehrten wir beruhigt nach Zweibrükken zurück. Am nächsten Morgen brachten wir unsere Familien nach Homburg. Nachdem wir sie dort in einer Wohnung untergebracht hatten, verließen wir sie wieder, um nach Metz zurückzukehren und unsere Sachen zu holen.

Ich bemerkte allerdings mit Besorgnis, daß die Brücke von Saarbrücken bewacht war und daß man Pässe verlangte; wir setzten dennoch unseren Weg fort.

Als wir in Courcelles eintrafen, fanden wir die Kirche zerstört und die armen Menschen in einer großen Betrübnis. Wir kamen am nächsten Morgen, am Sonntag, dem 28. [Oktober], in Metz wieder an, acht Tage nach unserer Abfahrt. Wir bemerkten gleich, daß sich Bürger am Stadttor befanden, die verhinderten, daß Anhänger der protestantischen Religion die Stadt verließen. So mußten wir befürchten, in die Höhle des Löwen gekommen zu sein.

Mein Vater empfing mich in großer Freude, meine Mutter ließ nach meiner Schwiegermutter schicken, damit sie mit uns zu Abend äße. Aber unsere Freude wurde durch die Ankunft von Gremecieux getrübt, dem Bruder meiner Frau. Er kam aus Paris, wo er dumme Streiche begangen und sogar versprochen hatte, seinen Glauben zu wechseln. Gremecieux fing an, schrecklich zu weinen, ohne uns einen vernünftigen Grund dafür angeben zu können. Seine Mutter nahm ihn mit zu sich, und ich kehrte in meine Wohnung zurück. Zu Hause fand ich meine Sachen dort, wo ich sie verlassen hatte.

Am nächsten Morgen suchte ich mit großem Vertrauen die Befehlshaber der Stadt auf, um ihnen meine Absicht mitzuteilen, mich in Homburg ansiedeln zu wollen. Ich bat sie um einen Paß, damit ich mich mit meinen Sachen nach Homburg begeben könnte. Aber ich mußte jede Hoffnung begraben; denn sie erklärten mir einstimmig, daß sie es mir untersagten. Sie befahlen mir, meine Familie wieder zurückzuholen. Nun erkannte ich den Fehler, den ich begangen, indem ich mich in den Käfig zurückbegeben hatte.

Ich fand unsere Kirche zerstört und sah unsere Pfarrer Ancillon[29], de Combles[30], Bancelin[31] und Jolly[32] nach dem Edikt des Königs gezwungen, ihre geliebte Gemeinde, ihre Kinder und ihren Besitz zu verlassen. Sie zogen mit ihren Frauen fort, um sich in Frankfurt am Main niederzulassen. Sie bewahrten eine Haltung, die uns die Tränen in die Augen trieb. Die Wächter an den Stadttoren erhielten den Befehl, ihre Aufmerksamkeit zu verdoppeln, damit kein Reformierter die Stadt verlassen könnte, der nicht im Besitz eines Passes sei. Das brachte die arme Gemeinde in tiefe Bestürzung, und nur wenige entschlossen sich zum Verlassen der Stadt.

Ich hatte noch einige Angriffe zu bestehen; denn mein Schwager Gremecieux, ein schwacher und leichtsinniger Geist, der einen schlechten Charakter hatte, verließ seine Mutter und zog in das Haus kürzlich Neubekehrter. Er erklärte sich als Papist. Diese Tatsache war für meine Schwiegermutter ein großer Kummer. Sie bat mich, mit ihm zu sprechen, um ihm seinen Fehler vorzuhalten und zu versuchen, ihn auf eine freundliche Weise zurückzugewinnen.

So kam ich in dieses Haus. Ich bat, ihn sprechen zu dürfen, und erklärte ihm alles so gut wie möglich. Aber da er sehr unwissend war, verharrte er in seinem Starrsinn. Er rächte sich an mir dadurch, daß er den Jesuiten-Direktoren zutrug, meine Frau sei nur deswegen in anderen Umständen, weil sie außerhalb des Königreiches niederkommen wolle, was gegen die neuen Edikte verstieß.

Diese streitsüchtigen Geistlichen brachten ihre Klagen bei dem Staatsanwalt des Königs vor. Dieser entschied sich zuerst für eine Vorladung meiner Person, damit ich verhaftet werden könnte, bis daß meine Frau zurückgekehrt sei. Dies mußte vom Polizeileutnant vollzogen werden, der in diesem Fall eines sanfteren Gemüts war, bei dem sich überdies Herr de Tibergeau, der Artilleriekommissar der Provinz, für mich verwendet hatte. Er war einer meiner guten Freunde aus der

Normandie. Diese Fürsprache ließ meinen Fall etwas günstiger erscheinen. Er sprach selbst mit Herrn le Roy, dem Stadtkommandanten, und setzte mich von allem, was er in meiner Angelegenheit unternommen hatte, in Kenntnis.

Ich führte ihm die traurige Situation vor Augen, in der sich meine Familie in Homburg befand. Meine Familie müsse buchstäblich auf der Erde kampieren, da es mit untersagt sei, Bettzeug zu senden. Er antwortete mir, wenn er das eher gewußt hätte, würde er schon etwas unternommen haben. So ordnete er jetzt an, meiner Frau über den Bevollmächtigten von Homburg alles aus den Magazinen des Königs ausliefern zu lassen, was sie brauche, zuerst Matratzen, Bettwäsche, Decken und Geschirr, und alles dieses neu. Ich bat Herrn de Tibergeau, mir über Herrn de la Breteche, den Stadtkommandanten von Homburg, eine Bescheinigung darüber zu besorgen, daß meine Familie sich wirklich in Homburg befände.

Meine Frau besorgte mit ihrer Schwester auf dem Schloß bei Herr de la Breteche diese Bescheinigung. Herrn de la Breteche war meiner Frau gegenüber sehr liebenswürdig und erklärte ihr sein Mitgefühl über ihre bedauernswerte Situation. Als ich diese Bescheinigung in Händen hielt, übergab ich sie Herrn le Roy, um ihm zu beweisen, daß ich zu unrecht bezichtigt sei, meine Familie aus dem Königreich gebracht zu haben. Herr le Roy fand dies in Ordnung und konnte meine Verhaftung aufhalten. Aber er verlangte, daß meine Familie sofort zurückkomme.

So schlug ich ihm vor, meine Familie holen zu wollen. Herr le Roy sah es lieber, daß ich einen katholischen Freund zu diesem Zweck entsenden möge. Ich antwortete ihm lachend, daß ich meine Frau ungern anderen Herren anvertraue. Ich hatte mir einen Bart wachsen lassen. Herr le Roy fragte, warum ich diesen langen Bart trüge, den ich seit vierzehn Tagen nicht hatte rasieren lassen. Meine Antwort lautete: „Ich habe ein Gelübde getan, mich nicht eher zu rasieren, als bis ich mit meiner Frau vereint bin.“ „So laßt sie so schnell wie möglich zurückholen“, meinte er.

Da mein Laden wie gewöhnlich offen war, verkaufte ich immerhin noch etwas. Ich benutzte jede Gelegenheit, um meiner Frau per Kurier möglichst viel Tragbares zu senden. Mein

Schwager Blanchois besuchte mich jeden Tag, und wir berieten, wie wir uns wieder mit unseren Frauen und Kindern vereinigen könnten. Aber die Schwierigkeiten schienen unüberwindlich. Wir wagten uns niemandem mitzuteilen, selbst unseren nächsten Angehörigen nicht.

So verbrachten wir drei Wochen in dieser traurigen Lage in Metz. Es war uns klar, daß wir nichts Gutes zu erwarten hatten. Gott ließ in mir den festen Entschluß und die Überzeugung reifen, daß ich mich retten könne und dadurch gleichzeitig meine Familie, ungeachtet der Risiken und Gefahren, die man auf sich nehmen müßte. Ich teilte diesen Entschluß meinem Schwager mit, der, nachdem er erst Schwierigkeiten gemacht hatte, sich dann meiner Ansicht anschloß. Er unterwarf sich meinen Vorschlägen, was die Ausführung der Pläne anbelangte. Da er selbst keinen Boten wußte, so sagte ich meiner Dienstmagd, daß sie mir ihren Vater schicken möchte, der Winzer war und eine Stunde von Metz entfernt lebte. Da er unseres Glaubens war, meinte ich, mich ihm anvertrauen zu können.

Als er da war, sagte ich ihm, er möchte mir am nächsten Tag, Sonnabend, dem 17. November, zwei alte Bauernanzüge für meinen Schwager und mich mitbringen. Er gab diese Kleidung bei mir ab, ich dankte ihm. Ferner bat ich ihn, einen gewissen Mann im Dorf, den ich ihm nannte, zu überreden, uns als Führer zu dienen.

Dann besprach ich mit meinem Schwager den Ort, an dem wir uns verkleiden könnten. Wir konnten dies weder bei meinem Schwager noch bei mir tun. Ich schlug vor, unsere Verkleidung an den Füßen und Beinen zu beginnen. Wir kauften uns dicke Strümpfe und derbe Bauernschuhe mit Nägeln. Als wir sie angezogen hatten, spazierten wir im Schmutz herum, um sie tüchtig zu beschmutzen. Während wir in den Schuhen gingen, fiel mir ein, daß wir uns an zwei gute Fräuleins wenden könnten, die zu den treuesten Anhängern unseres Glaubens gehörten. Sie wohnten an einem entfernteren, einsamen Ort. Wir würden ihnen unsere Pläne unterbreiten und sie bitten, daß wir uns bei ihnen verkleiden dürften.

Sie empfingen uns nicht so, wie ich es mir vorgestellt hatte. Sie sagten uns zitternd vor Angst, daß wir uns nicht bei ihnen verkleiden könnten. Um ihnen Zeit zu lassen, sagte ich ihnen, sie möchten doch bitte etwas darüber nachdenken und uns in einigen Tagen Bescheid geben. Wir zogen uns zermürbt zurück. Mein Schwager war fast entmutigt. Zu diesem Zeitpunkt rief mir Gott einen armen Schuster in das Gedächtnis, den ich als sehr eifrig kannte.

In der Tat zeigte er uns ein kleines Zimmer neben seiner Werkstatt. „Dort können Sie Ihre Kleidungsstücke hinlegen, und Sie können sich hier verkleiden, wann Sie wollen, ohne daß einer meiner Arbeiter Sie sieht", sagte der Schuster. Wir hatten ihm zuvor unsere Pläne unterbreitet und ihm unsere Zivilkleidung angeboten. Wir gingen befriedigt fort. Wieder zu Hause angelangt, ließ ich unsere Verkleidung durch meine Dienerin in das kleine Zimmer bringen. Da wir sehr erschöpft waren, aßen wir etwas, um uns zu stärken. Dann schrieb ich meiner Frau mit der Post, unter keinen Umständen Homburg zu verlassen, da mein Schwager und ich kämen, um sie abzuholen und wieder nach Metz zu bringen. Ich ergriff diese Vorsichtsmaßregel, daß, wenn man uns aufhalten und verhaften würde, uns dieser Brief als Rechtfertigung dienen könnte.

Nachdem diese Maßnahmen ergriffen worden waren, verließen wir meine Wohnung, ohne irgend jemand etwas zu sagen, nicht einmal meiner Schwiegermutter, die meinen Laden hütete. Wir begaben uns gegen vier Uhr nachmittags zu unserem Schuster. Wir gingen, ohne mit ihm zu sprechen, in das kleine Zimmer. Dort fanden wir unsere kleine Bauernausrüstung. Wir entledigten uns ohne Bedauern unserer Kleidung, obgleich mein Jackett eine Garnitur silberner Knöpfe trug von mehr als dreißig Reichstalern. Wir zogen die Bauernkleidung an, die natürlich sehr ärmlich und ganz zerrissen war. Sie war sehr wenig geeignet, uns vor den Unbilden zu schützen.

Als wir so verkleidet waren, mußten wir sehr lachen: Wir sahen uns so eigenartig hergerichtet mit scheußlichen Hemden und Hosen aus grobem, ganz zerrissenem Tuch und mit greulichen Fuhrmannskitteln. Unsere Köpfe waren geschmückt mit ganz verschossenen Hüten, die uns über die Ohren hingen. Das war eine Ausrüstung, die offensichtlich sehr geeignet war, uns zu verbergen. Wir verließen eilig das Haus und durchquerten einen Teil der Stadt, um uns an das Tor von Mazelle zu begeben. Wir glaubten, daß wir dort leicht hinauskönnten.

Als wir dicht beim Tor angelangt waren, kam der papistische Bürger, der dort die Hinausgehenden untersuchen mußte, auf uns zu. Er fragte, nachdem er uns ins Gesicht gesehen hatte: „Wo wollt Ihr hin, Ihr Herren?" Diese Frage war – an Bauersleute gestellt – ein wenig zu höflich. Auch kannten wir den Fragesteller genau, ebenso wie auch er uns in unserer gewöhnlichen Kleidung genau kannte. So waren wir ein wenig aus der Fassung gebracht. Wir glaubten, er hätte uns erkannt, und zitterten, er würde uns durch den benachbarten Posten verhaften lassen. Ich faßte mich schnell und antwortete kühn in gutem Dialekt, daß wir nach Crépy[33] gingen, wo wir wohnten. Er fragte uns, ob wir einen Paß hätten. Darauf erwiderte ich dreist, daß Bauern keinen brauchten. Er sagte uns, daß wir ohne Paß nicht aus der Stadt kommen würden. Daraufhin verließen wir ihn, indem wir sagten, wir wollten bei unserem Meister übernachten. Sobald wir um die nächste Straßenecke herumgekommen waren, verdoppelten wir unseren Schritt aus Angst, er könne uns verfolgen lassen.

Während die Nacht niederfiel, gingen wir durch die entlegensten Straßen zum Tor St. Thiebaut. Nach dem, was wir erlebt hatten, entschloß ich mich, nach einigem Nachdenken zu einem veränderten Verhalten an diesem Tor. Ich erklärte meinem Schwager, er möge sich nicht wundern über die Rolle, die ich spielen würde, und er möchte mich so gut wie möglich darin unterstützen. Ich fing an, zu schwanken, und kaum sah ich von weitem das Tor, da fing ich an, in Schlangenlinien von einer Straßenseite zur anderen zu torkeln. Dieses Schwanken wurde von Freudenschreien begleitet, so wie Bauern sie ausstoßen, wenn sie zu viel getrunken haben. Es gelang mir, so hervorragend den betrunkenen Bauern zu spielen, daß alle auseinander stoben, als sie mich kommen sahen. Mein Schwager tat, als ob er mich stützen müßte. Ich stieß meinen Schwager von mir als sich ein Bürger zeigte, der die Passierenden am Tor examinieren sollte. Ich verdoppelte meine Verrücktheiten und ging schwankend direkt auf die Wache zu. Die Wache hatte Angst, von mir angestoßen zu werden, und zog sich gegen die Häuser zurück; so passierten wir glücklich das eine Stadttor.

Als wir uns zwischen den beiden Stadttoren befanden, bemerkte ich schon von weitem einen der Weinbauern meiner Schwiegermutter, der mit seiner Frau und seinen Kindern aus seinen Weinbergen zurückkehrte. Sie kannten uns alle gut. Mein armer Schwager hielt uns schon für verloren, aber ich ließ den Mut nicht sinken. Ich trat wieder in meine Rolle ein. Ich verdoppelte mein Gejohle und lief mitten durch diese arme Familie hindurch, indem ich sie nach links und rechts auseinanderstieß. Sie liefen davon, ohne uns anzusehen.

Auf solche Weise gelang es uns, die beiden Stadttore zu verlassen und auf das freie Feld vor der Stadt zu kommen. Kurz danach wurden die Stadttore geschlossen. Wir gingen an den Mauern entlang, um auf den Weg nach Deutschland zu kommen. Währenddessen wurde es Nacht. Kaum hatten wir den Weg nach Deutschland erreicht, als wir auch schon hinter uns galoppieren hörten, woraufhin wir uns sofort hinter Gebüsch versteckten. Doch bemerkten wir dann, daß es die übliche Post war, die nach Homburg eilte und den Brief bei sich trug, der für meine Frau bestimmt war und den ich bereits erwähnt hatte.

Wir setzten nun unseren Weg fort und kamen sehr erschöpft und sehr müde bei dem Vater meiner Dienerin an. Er war es gewesen, der uns die Verkleidung besorgt hatte. Wir ließen uns erst in der Nähe seines Herdes nieder, um uns zu erwärmen, und wir baten ihn um einen Schluck Wein. Er brachte uns ganz frischen Wein; denn er hatte nur diesen neuen und einige Nüsse.

Kaum hatten wir angefangen uns etwas zu stärken, als auch schon Frau Varnier[34] mit ihren Töchtern und jüngsten Nichten ankam. Sie waren auch verkleidet und hatten wie wir eine Möglichkeit gefunden, die Stadt zu verlassen. Da man sich gegenseitig nicht gut kannte, hielten sie uns für das, was wir schienen (nämlich Weinbauern). Sie setzten sich zu uns, und die gute Madame Varnier schlug uns auch noch vor, die beiden kleinsten ihrer Kinder zu tragen. Sie versprach uns eine Belohnung dafür. Wir aber hatten Mühe genug, uns selbst zu tragen, als daß wir uns noch mit zwei Kindern hätten belasten können.

Nachdem wir ihre Bitte mit Entschuldigungen abgelehnt

hatten, traten wir vor das Haus, um an unsere eigene Angelegenheit zu denken. Kaum waren wir vor der Tür, als eine gute Frau aus Metz, die mit der vorherigen Gruppe gegangen war und uns trotz unserer Verkleidung erkannte, zu uns stieß. Sie bat uns, ob sie uns folgen dürfe. Wir gestatteten es ihr.

Unser Führer war auch eingetroffen, und so machten wir uns auf den Weg, während der Mond hervorkam. Dies begünstigte unseren Marsch; denn auf diese Weise hatten wir Licht. Aber ich wurde plötzlich von einem heftigen, durch den ganzen Körper gehenden Schmerz ergriffen, so daß ich gezwungen war, mich auf die Erde zu legen. Kaum lag ich da, als diese gute Mutter mir – wie ein zweiter Antäos[35] – neue Kräfte wiedergab. Die Schmerzen ließen nach, und Gott verlieh mir die Kraft, weiterzugehen. Wir marschierten unbehelligt den Rest der Nacht.

Gegen Morgen trafen wir Bauern in einem Wald, die in einem nahegelegenen Dorf zur Messe gehen wollten. Sie waren von Zweifeln über unsere Personen ergriffen und schmähten uns mit Worten, aber wagten es nicht, sich uns zu nähern. So erreichten wir glücklich Ludweiler gegen zwei Uhr nachmittags.

Dies war ein kleiner Ort, in dem unsere heilige Religion noch ausgeübt wurde. Die Bewohner des Ortes verließen gerade die Kirche, in der sie den Sonntag geheiligt hatten. Einer dieser Glaubensbrüder empfing uns in seinem Haus. Dort machten wir uns erst einmal frisch, was wir sehr nötig hatten. Wir beendeten diesen Tag, indem wir Gott dankten. Vor allem sagten wir den Psalm 74 auf, der unserer Situation entsprach. Dann ruhten wir uns aus.

Am nächsten Tag machten wir uns um zwei Uhr gegen Morgen auf, mein Schwager und ich sowie unser Führer. Es ging in Richtung Saarbrücken. Aber da wir wußten, daß die über die Saar führende Brücke sehr streng bewacht war, um die außerhalb des Königreichs Frankreich herumwandernden Protestanten zu kontrollieren, so hielten wir es für richtig uns ein Haus zu suchen, in dem wir uns verstecken konnten, bis wir eine günstige Gelegenheit gefunden hätten, um diesen Fluß zu überqueren.

Aus diesem Grund wandte ich mich an den Vater meines

früheren Dienstmädchens. Er war Lutheraner. Wir kamen am frühen Morgen bei ihm an. Aber jener gute Mann, der bei dem Gedanken erschrak, welche Gefahr es für ihn bedeuten könne, wenn er uns bei sich versteckte, wollte uns nicht empfangen. Seine Tochter, die dies miterlebte, führte uns aus der Stadt heraus in ein Gehöft, das einem Grafen gehörte und von guten Wallonen bewohnt war. Sie nahmen uns mit Freuden auf; sie gaben uns ein gutes Zimmer und Frühstück.

Dann ließ ich nach einem Pferd für unseren Führer suchen. Ich wollte unseren Führer nach Homburg senden, um unsere Frauen davon in Kenntnis setzen zu lassen, an welchem Ort wir uns jetzt befänden, und daß es für uns Zeit sei, von hier fortzukommen. Ich gab unserem Führer zu diesem Zweck ein für meine Frau bestimmtes Beglaubigungsschreiben, und wir erteilten ihm mündlich unsere Instruktionen. Er verließ uns daraufhin und passierte beherzt die Brücke; er sprach sehr gutes Deutsch, so wurde er von den Wachen für einen Landsmann gehalten. Aber da er ein einfacher Mann war, wagte er es in Homburg nicht, unsere Frauen in dem von uns bezeichneten Haus aufzusuchen. Nachdem er die ganze Stadt durchquert hatte, ließ er sich in ein Gasthaus führen, das außerhalb des Deutschen Tores war. Dort erkundigte er sich, ob nicht die und die Frauen in dieser Stadt seien. Er sagte, daß er mit ihnen zu sprechen habe.

Zufällig befand sich unter den Gästen des Wirtshauses eine Frau, die unsere Frauen kannte und zu ihnen ging, um sie von diesem Besuch in Kenntnis zu setzen. Unsere beiden Frauen nahmen ihre sieben Kinder mit sich, d. h. die vier Kinder meines Schwagers, meine zwei Kinder und meinen jüngsten Bruder. Sie begaben sich alle in diese Gaststätte. Dort übergab unser Führer meiner Frau mein Beglaubigungsschreiben, sie erkannte das Schreiben sofort. Unser Führer erzählte ihr dann alles, was wir ihm aufgetragen hatten. Jetzt wurde meine Frau etwas unsicher wegen des Briefes, den ich ihr aus Metz gesandt hatte.

Da sie ihrerseits nur den einen Gedanken hatte, mich so schnell wie möglich wiederzusehen, so wie dies bei mir auch der Fall war, so ergriff sie nun die Initiative. Sie befolgte meine Anweisungen und beeinflußte auch ihre Schwester in dieser Richtung. Jedoch brach die Nacht ein und die Stadttore wurden geschlossen. Ein Sergeant ordnete an, sie möchten nach Hause gehen, was sie, wenn auch mit großem Kummer taten.

Ich hatte noch mit einem Pfälzer Freund von Metz aus Anstalten zur Erleichterung der Flucht getroffen. So kündigte man meiner Frau am nächsten Morgen an, daß sich ein kleiner Wagen etwas außerhalb des Stadttores befände. Dieser Wagen solle sie weiterbringen. Sie beriet sich mit einigen dortigen Freunden. Diese rieten ihr zu, die Gelegenheit zu nutzen. Mit Hilfe von zwei Frauen brachten sie ihre sieben Kinder und ihr sehr kleines Gepäck zu dem Wagen. Dann trugen sie selbst den Rest, und alle verließen glücklich das Stadttor. Sie begaben sich, als ob sie spazierengingen, mit ihrer Habe dorthin, wo der kleine Wagen sie erwartete. Sie bestiegen den Wagen und fuhren dann los.

Inzwischen war unser Führer wieder bei uns eingetroffen. Er versicherte uns, in welcher guten Verfassung er unsere Frauen am Abend vor ihrer Abfahrt vorgefunden habe. Wir jedoch hatten die Zeit, während der unser Führer fortgewesen war, nicht nutzlos verstreichen lassen. Denn wir hatten die Bekanntschaft eines Fischers aus Metz gemacht, der jetzt in dieser Stadt lebte. Er leistete uns Gesellschaft. Wir erzählten ihm von den Schwierigkeiten, die es für uns gab, den Fluß zu überqueren. Er versprach uns Hilfe, ungeachtet der bestehenden Verbote.

Als unser Führer wieder zurückgekommen war und nachdem wir alle miteinander gut gegessen hatten und uns darüber unterrichtet hatten, was es nun zu tun gab, sagte uns der Fischer auf Wiedersehen, um seine Maßnahmen zu treffen.

Wir unsererseits zahlten erst unseren Wirt, dann bereiteten wir alles für unsere Abreise vor. Daraufhin gingen wir, mein Schwager, ich und unser Führer. So erreichten wir das Ufer der Saar; es begann schon dunkel zu werden. Wir befanden uns übrigens immer noch in unserer Bauernaufmachung. Wir fanden im Schutze eines Gebüsches das kleine Boot, das unser Fischer versprochen hatte, dort zu lassen.

Wir betraten das Boot und überquerten den Fluß mit Hilfe

einer Ruderstange, die der Fischer im Boot gelassen hatte. Als wir am anderen Ufer angelangt waren, und ich an Land springen wollte, glitt mein Fuß in einer kleinen Pfütze aus, so daß ich durch das Zurückrutschen in den Fluß fiel und bis zu den Schultern im Wasser war. Da ich jung und kräftig war, zog ich mich wieder heraus. Als ich ganz oben angelangt war, glitt ich noch einmal aus. Ich kroch nochmals heraus und erreichte das Land; ich war vollkommen durchnäßt bis auf die Haut. So marschierte ich nun energisch mit meinen Kameraden in der Dunkelheit, oft tastend und tappend.

Währenddessen hatten unsere Frauen Homburg verlassen. Bei Einbruch der Nacht hatten sie sich einen anderen kleinen Wagen genommen, den sie gefunden hatten. Sie waren begleitet von unserem Jagdfreund aus der Pfalz und von fünf bis sechs Burschen, die alle gut bewaffnet waren. Sie führten unsere Frauen und Kinder einen guten Teil der Nacht hindurch in das Haus unseres Freundes. Dort blieben sie versteckt bis zur nächsten Nacht. Es war die Nacht, in der auch wir auf dem Weg waren. Unsere Familien wurden in der kommenden Nacht wieder auf einen kleinen Wagen gesetzt und von der gleichen Eskorte bis Kaiserslautern gebracht, der ersten Stadt in der Pfalz.

Dort kamen sie frühmorgens an, während wir, soweit es uns möglich war, zu Fuß in der Dunkelheit vorankamen. Wir stießen oft gegen Steine und an Baumstämme, wir hatten Angst, während wir ein Dorf durchquerten, wo wir helles Licht sahen und Lärm in dem Gasthaus hörten. Wir fürchteten, daß Häscher unter diesen Menschen seien, die sich immer auf diesen Straßen befanden, um die unglücklichen Flüchtlinge zu fangen.

Wir gingen einer hinter dem anderen her und so leise wie möglich. Als wir in einem kleinen Wald angelangt waren, hielten wir es für richtig, hier anzuhalten und uns mit etwas Proviant zu stärken. Dieser kleine Halt hatte uns gut getan und uns Kräfte wiedergegeben. Wir machten uns dann wieder auf und gingen unerschrocken und energisch bis Blisback[36], einem Dorf, das eine Meile von Homburg entfernt liegt.

Es war so dunkel, daß wir wohl die Blies hörten, aber nirgends die Brücke entdecken konnten, wo wir hinüber mußten. Unser armer Führer hatte ganz die Richtung verloren. So legten wir uns alle auf die Knie und suchten diese elende Holzbrücke. Endlich fanden wir sie mit unseren Händen. Als wir wieder aufgestanden waren, schritten wir vergnügt hinüber.

Es galt, von neuem ein Dorf zu durchqueren. Alle Einwohner waren auf und damit beschäftigt, Korn zu dreschen. Dieser Lärm war günstig für uns. Bis zum Tagesanbruch setzten wir unseren Marsch fort. Dabei waren wir sehr müde und sehr erschöpft.

Sehr müde und matt fanden wir endlich ein Haus, wo wir eintraten. Bald erkannten wir an den Reden der Bewohner, daß wir bei Bekannten waren. Sie vermuteten richtig, daß wir die Ehemänner der Frauen waren, die in der vergangenen Nacht von dort abgereist waren, wovon sie uns gleich benachrichtigten. Gleichzeitig teilten sie uns mit, daß sie Sorgen hätten wegen der Häscher, die in der Gegend zu Pferde herumstreiften. Von dieser Angst konnten wir nur befreit werden durch die Rückkehr von den Begleitern unserer Frauen. Das beunruhigte mich und besonders meinen Schwager sehr. Ich verlor trotzdem nicht den Mut. In Anbetracht dessen, daß wir nach einem Marsch von über zwölf Stunden Nahrung und Ruhe nötig hatten, verlangte ich zu frühstücken. Nachdem ich meinen Gefährten wieder Mut zugesprochen hatte, hielten wir ein schönes Mahl und warfen uns dann in einem versteckten Zimmer auf ein Strohlager. Meine Kleider, die durch die Bewegung des Marschierens an mir getrocknet waren, hinderten mich nicht an einem tiefen und erquickenden Schlaf. Die anderen taten dasselbe bis ein oder zwei Uhr nachmittags.

Kaum war ich aufgestanden, als einer der Knechte unseres Jägers, nachdem er sich hatte zeigen lassen, wo wir waren, mit großen Schritten zu uns kam. Er sagte uns, daß unsere Frauen heute früh glücklich in Kaiserslautern angekommen seien. Das werde uns sein Herr bald selbst bestätigen. Ich schenkte ihm für die gute Nachricht einen halben Louis d'or. Nachdem wir auch noch unseren Führer bezahlt hatten, sandten wir ihn zurück. Eine Stunde später sahen wir den Hausherrn ankommen, der, kaum vom Pferde gestiegen, uns umarmte und die guten Nachrichten bestätigte, die sein Knecht uns überbracht hatte.

Er sah, in welcher Unruhe wir waren, zu unseren Frauen zu kommen. Auch wegen unserer eigenen Sicherheit beruhigte er uns. Wir hätten nichts zu fürchten. Auch sollten wir am Abend bei ihm mit seinem eben angekommenen Freund speisen. Danach sollten wir zur Ruhe gehen und solange friedlich schlafen, bis er uns wecken würde. Darauf würden er und sein alter Freund uns vor Tagesanbruch zu unseren Frauen führen. Also gingen wir nach einem guten Abendessen bald zur Ruhe. Gegen ein Uhr wurden wir wieder geweckt. Man machte unsere Pferde zurecht und beritten wie der heilige Georg machten wir uns auf den Weg: unser Wirt und sein Freund gut bewaffnet, wir in unserer Maskerade. Unser Gastgeber ritt voran und der Freund hinter uns – immer im Galopp und in der Dunkelheit. Bei Tagesanbruch erreichten wir die Stadttore von Kaiserslautern. Zitternd vor Frost und vor Furcht, daß man uns etwa da noch erwischen könnte, mußten wir fast eine Stunde warten, bis sie geöffnet wurden. Schließlich fanden unsere Befürchtungen ein Ende, als wir in der Stadt waren. Unser großzügiger Wirt führte uns zu dem Freund, bei dem er unsere Frauen und Kinder untergracht hatte, die wir noch im Bett antrafen. Es war Donnerstag, der 22. November [1685]. Stellt Euch unsere Freude vor, uns endlich wieder vereint zu sehen!

Nachdem wir uns etwas erwärmt hatten, ließen wir uns zum Stadtkommandanten führen. Er kaufte uns etwas Silbergeschirr ab, das uns sehr belastete und das zu benützen wir nicht mehr die Möglichkeit zu haben glaubten. Doch gab uns der gute Gott die Mittel, später mehr davon zu erwerben, als wir verkauft hatten.

Kurz darauf sahen wir auf einem kleinen Wagen die gute Madame Varnier und ihr Gefolge ankommen, dann kamen die Herren Jean le Bachelé, genannt Sevigni und Jean Goulet[37], ebenfalls verkleidet zu Fuß an, sie waren allerdings sauberer als wir. Am Nachmittag gingen wir mit unseren Brüdern in die deutsche Kirche, um Gott zu danken, daß er uns so gnädig geführt hatte.

Am nächsten Morgen mieteten wir dann einen Wagen, um unsere Frauen und Kinder nach Mannheim zu bringen. Frau Varnier hatte einen anderen gemietet, und so konnten sie zusammen reisen. Wir marschierten zu Fuß hinterher bei sehr schlechtem Wetter, das die Wege so ungangbar machte, daß wir erst sehr spät in St. Lambert ankamen – immer in Angst, von einem Streifkorps der Garnison Landau wieder erwischt zu werden, die überall umherstreifte, um die Flüchtlinge wieder einzufangen. Am nächsten Morgen machten wir uns wieder auf den Weg bei schneidender Kälte, die allerdings weder unsere Familien noch uns in unseren Lumpen störte. Am Abend kamen wir in einem Dorf nicht weit vom Rhein an, wo wir einige pfälzische Kavallerie für eine Truppenschau versammelt fanden, was uns etwas beruhigte. Am nächsten Morgen machten wir uns bei Tagesgrauen auf den Weg nach Mannheim. Doch stießen wir auf Schwierigkeiten; denn der Fährmann wollte uns ohne Erlaubnis des Kommandanten nicht übersetzen, und unter einer Stunde konnten wir diese nicht erhalten. So beschlossen wir, da wir schon halb erfroren waren, in einem nahe gelegenen Zollhaus zu warten, um uns zu wärmen. Als die Erlaubnis gekommen war, setzten wir über den Rhein sehr froh darüber, daß nun dieser Fluß zwischen uns und den Franzosen war. In Mannheim angekommen, machte ich sofort die Erfahrung, wie wenig Mitgefühl seine Einwohner für uns hatten. Wir waren in eine Herberge gegangen, wo ich auf meiner letzten Reise gewohnt hatte. Aber der Spitzbube von Wirt wollte uns nicht aufnehmen offenbar in der Annahme, wir hätten ebensowenig Geld wie Kleidungsstücke. Wir waren also genötigt, nach etwas anderem herumzusuchen. Schließlich fanden wir nach vieler Mühe eine Unterkunft, wo wir uns mit passenden Kleidern versahen und uns etwas ausruhten.

Am 1. Dezember [1685] ging es weiter, und wir kamen noch am gleichen Tag glücklich in Heidelberg an. Da es aber schon spät war, stiegen wir bei einem netten Mann ab, den ich kannte. Leider waren seine Möglichkeiten, uns unterzubringen, sehr begrenzt. Wir verbrachten dort eine sehr schlechte und unbequeme Nacht. Am folgenden Tag wollten wir eine Wohnung mieten. Wir fanden eine Wohnung im Hause von Frau de Haut[38], die nach Kassel gezogen war. Dort fanden wir schon zwei Mieter vor, Herrn Pfarrer Jacquelot[39] mit seiner Frau und Herrn Bouchon[40] mit seiner Familie.

Wir besorgten uns erst einen Vorrat von Stroh, um uns hinlegen zu können, und Holz für ein Feuer, an dem wir uns erwärmen konnten. Als dies erledigt war, machte ich mich auf, meine guten Gönner und Freunde aufzusuchen, die sich sehr freuten, mich wiederzusehen. Sie gaben mir die Versicherung, daß alles, was mir der verstorbene Kurfürst Karl seligen Angedenkens versprochen hatte, Seine Hoheit Philipp Wilhelm[41] einhalten würde.

Kurfürst Philipp Wilhelm war der Nachfolger des verstorbenen Kurfürsten Karl; er war allerdings Papist.

Dies und der Wunsch, mich nicht zu weit von meinem Vater zu entfernen, bestimmten mich, in Heidelberg zu bleiben. So legte ich am 5. Dezember in die Hände des Doktor Spina[42], damaligen rektor magnificus, den Eid als Buchbinder der Universität ab.

Einige Tage später zog mein Schwager mit seiner Familie nach Hanau. Dort hatte er Freunde, die ihm anboten, sich niederzulassen. Es war ein schwerer Abschied. Wir besorgten uns dann das Notwendigste an Möbeln, und ich hatte das Glück, alle für meinen Beruf notwendigen Werkzeuge billig einkaufen zu können. Mit diesen Werkzeugen machte ich mich an die Arbeit, um unseren Lebensunterhalt zu verdienen.

Da meine Frau sich im letzten Stadium der Schwangerschaft befand und bereits für zwei kleine Kinder sorgen mußte, konnte sie im Haushalt fast nichts mehr tun. So nahm ich es in die Hand, die Besorgungen und die Küche zu erledigen. Inzwischen führte ich eine rege Korrespondenz mit meinem Vater, der mit stets die gleiche freundschaftliche Güte bewies. Mein Vater sandte mir durch einen meiner Freunde meine Kleidung und Wäsche sowie für meine Frau einen großen Ballen Kleidungsstücke und Wäsche; das kam uns sehr gelegen für die Niederkunft meiner Frau.

1686

Am 8. März wurde unser drittes Kind, Jean Frédéric, geboren, für meine Frau glücklicherweise eine leichte Geburt. Am folgenden Sonntag wurde das Kind getauft. Die Taufe vollzog Herr Johann Friedrich Mieg[43], Pfarrer und Theologieprofessor in Heidelberg, und Frau von Spanheim, die Ehefrau von

Herrn Fabrice[44], Doktor und Theologieprofessor der gleichen Universität. Diese beiden Menschen erwiesen mir viel Gutes und waren mir eine große Hilfe in den damaligen Verhältnissen.

Mein Vater, der mit einem Paß zur Messe nach Frankfurt gekommen war, kam auf dem Rückweg zu uns, wo er von einer recht heftigen Krankheit befallen wurde. Dabei stellte er ernste Betrachtungen über den Schritt an, den er und viele andere getan hatten, indem sie gegen ihr Gewissen die Abschwörung unterzeichnet hatten. Deswegen wurde er von Herrn de Combles, einem unserer früheren Pfarrer in Metz, ernstlich ermahnt. Dieser hatte sich mit seinem Sohn, der auch Pfarrer in der Pfalz war, hierher geflüchtet. Ich vereinigte meine geringen Gründe mit den ihrigen und denen seiner übrigen Freunde. Wenn wir ihn auch nicht überreden konnten, zu bleiben, so versprach er uns wenigstens, bald wieder zu kommen. Als er wieder hergestellt war, kehrte er nach Haus zurück. Ich fuhr fort zu arbeiten, nahm aber auch bei jeder Gelegenheit an den Gottesdiensten teil, die wir nie versäumten. Wir hatten einen festangestellten Geistlichen, Herrn Darassus[45], und als außerordentliche die Herren Jacquelot und Lenfant[46] sowie mehrere Kandidaten. So fehlte es uns nicht an französischen Predigten noch am ergreifenden Anblick; denn alle Tage kamen Trupps von armen Réfugiés, die einen in Kutschen, zu Pferd, in Wagen, die anderen zu Fuß. Die Flüchlinge setzten sich zusammen aus Adligen, Soldaten, Bürgern, Handwerkern und Bauern, von denen einige nach Brandenburg, andere nach Hessen gingen.

Übrigens sah ich mit Besorgnis und Trauer, wie sich die Zahl der Papisten durch die Gunst, die der Fürst ihnen erwies, erhöhte. So erschien am Hof bereits ein Schwarm von Mönchen sowie vor allem von Jesuiten. Dies ließ in mir den Gedanken aufkommen, Heidelberg zu verlassen. Ich befragte meinen Vater hierüber; er teilte meine Ansicht und schlug mir vor, lieber in das Hessenland als woanders hinzugehen.

Als der Mai gekommen war, ließ ich meine Familie in Heidelberg zurück, um mich auf eine Erkundungsreise dorthin aufzumachen und die Möglichkeiten meiner Niederlassung zu untersuchen.

Zuerst begab ich mich in einer Kutsche nach Frankfurt am

Main, dann ging es in einer guten Kalesche mit drei Schweizer Offizieren nach Kassel. Seine Fürstliche Durchlaucht war zwar nicht anwesend, aber die Herren de Vernicourt[47], früherer Rat im Parlament von Metz, und Jolly, einer unserer vier Pfarrer der Kirche von Metz, rieten mir, die Rückkehr des Fürsten abzuwarten.

Mein Gesuch wurde dem Fürsten von den eben erwähnten Herren unterbreitet. Dieser großzügige Fürst gewährte mir sofort alle Freiheiten und Privilegien, die er allen Franzosen zugestand, die sich in seinen Landesteilen niederließen. Außerdem erhielt ich von ihm den Titel des Hofbuchhändlers, mit dem einige persönliche Vorteile auf Lebenszeit verbunden waren. Ich war und bin diesem noblen Fürsten zu tiefem Dank verbunden. Nachdem ich Urkunden erhalten hatte, fuhr ich auf dem gleichen Weg nach Heidelberg zurück. Ich fand meine Familie gesund vor.

Ich dachte zuerst daran, meine Sachen einzupacken und fortzusenden. Auf Geheiß meines Vaters ließ ich meinen kleinen Bruder in Heidelberg in Pension zurück. Dann nahm ich Abschied von unseren Freunden. Ausgestattet mit guten Zeugnissen und Bescheinigungen, bestiegen wir am 26. Juli [1686] die Kutsche, die uns nach Frankfurt am Main bringen sollte, von dort ging es nach Hanau, um unsere Brüder und Freunde zu besuchen.

Wir verbrachten in Hanau einige Tage und mieteten eine Karosse für die Weiterfahrt nach Marburg. Wir waren sechs Personen: meine Frau und ich, unsere drei Kinder und eine Dienerin. In Marburg erwarteten uns Ordonanzwagen für die Reise nach Kassel. Wir hielten es für günstig, uns dieser Wagen zu bedienen. Aber wir bereuten es bald wegen der Schwierigkeiten, einen zu bekommen, und der Langsamkeit, mit der wir vorwärts kamen. Doch schließlich kamen wir mit der nötigen Geduld nach vier Tagen Fahrt in Kassel an. Es war am 25. August 1686. Da ich auf meiner vorangegangen Informationsreise bei der Witwe Carmer[48] eine Wohnung gemietet hatte, so konnte ich mit meiner Familie und meinem Gepäck dort absteigen.

Wir kauften uns die nötigsten Möbel und richteten uns langsam ein. Einige Tage darauf brach ich zur Frankfurter Messe auf. Von dort wieder zurückgekehrt, hatte ich die große Freude, einige Tage später meinen Vater ankommen zu sehen. Er war unter Lebensgefahr aus Metz geflohen und gezwungen gewesen, sich eines falschen Passes zu bedienen. Nachdem wir die Ankunft meines Vaters gefeiert hatten, eröffnete ich meinen Laden, und Gott gab mir einen recht guten Absatz. Ich arbeitete eifrig in meinem Beruf, um zu unserem Lebensunterhalt beizutragen.

Ich begann mit einem recht kleinen Ankauf von Papier, das ich in meinem Laden einzeln verkaufte. Unterdessen machten wir die Bekanntschaft von Herrn Abraham Wolfgang, Buchhändler aus Amsterdam. Ich wollte einige Bücher bei ihm erstehen, die ich ihm gleich bar bezahlte. Hierdurch ergab sich für ihn die Gelegenheit, mir etwas Papier unseres Landes abzukaufen.

1687

So verging der Winter, und mein Vater hatte den Wunsch, in Geschäftsangelegenheiten eine Reise nach Holland zu machen. Als mein Vater dort angekommen war und das Land kennengelernt hatte, erschien es ihm günstig, wenn ich mich dort niederlassen würde. Aber die Vorsehung gestattete es mir nicht, mich seiner Ansicht anzuschließen. Die Übersiedlung meiner Familie erschien mir nicht ratsam. Zudem war ich gerade mit Herrn Wolfgang in größere Geschäftsbeziehungen mit der Lieferung von Papier getreten.

Mein Vater erkannte, daß ich nicht dorthin ziehen konnte, und so kehrte er zu uns zurück. Im September erwies uns Gott die Gnade, daß meine Mutter fliehen und sich mit uns vereinigen konnte, was unsere Freude übergroß machte. Nun dachte mein Vater allen Ernstes daran, sich in Kassel niederzulassen. Deshalb kaufte er jenes Haus[49], in dem ich die vorliegenden „Erinnerungen" schrieb.

1688

Wir bezogen das Haus am Johannistag[50] dieses Jahres, um es durch die Geburt unseres vierten Kindes, Jean Samuel, am 20. August 1688 einzuweihen. Die Taufe fand am 22. August statt, und wurde von Herrn Johann Friedrich Haxtausen[51] vollzogen, Metropolitan an der Neustädter Kirche, und durch Fräulein Marie de Montvaux[52] aus Metz. Dann legte mein Vater den Grundstein zu dem Haus, das er in der französischen Oberneustadt bauen ließ.

In dieser Zeit ruhte der sichtbare Segen Gottes auf meinen Geschäften, vor allem auf meinem Papierhandel, den ich weiter mit Holland betrieb; ich setzte größere Mengen mit gutem Gewinn ab.

1689

Bemerkenswert für die Ereignisse des Jahres 1689 war die große Revolution, die in England um die Jahrhundertwende begann. Dieser unvergeßliche Held, der Prinz von Oranien, unternahm alles, um England von dem papistischen Joch zu befreien, was Jakob II. und seinem Anhang sehr mißfiel. Diese Sippschaft, die nur beherzt war, wenn sie keine Opposition fand, war eine elende Partei, die sich auflöste, bevor sie auch nur eine mutige Tat vollbracht hatte. König Jakob ließ sein Königreich im Stich und zog sich nach Frankreich zurück, dem Asyl der Tyrannen und Papisten.

Auf diese Weise war das Parlament von England befreit. Es übergab die Krone dem Prinzen von Oranien und der Prinzessin Marie, seiner Gemahlin, Tochter Jakobs II. Die Prinzessin war mit allen christlichen und moralischen Tugenden geschmückt. Es folgte dann ein neunjähriger Krieg gegen Frankreich, an dem fast alle europäischen Großmächte beteiligt waren.

Der Beginn des Jahres 1689 brachte mir eine große Betrübnis. Meinen Vater, der im März krank geworden war, rief Gott am 30. März heim.

Kurz darauf ordnete meine Mutter an, daß ich meinen jüngsten Bruder[53] aus Frankfurt am Main, wohin ich zur Messe ging, hierher holen möge. Er lebte jetzt dort, nachdem man ihn aus der Heidelberger Pension genommen hatte. So holte ich meinen jüngsten Bruder nach Kassel und brachte meiner Mutter gleichzeitig die in Franfkfurt aufbewahrten tausend Louis d'Or mit.

Meine Mutter drängte auf die Fertigstellung des neuen, in der Neustadt gelegenen Hauses. In dieser Zeit wurde ich zum

Nachfolger meines verstorbenen Vaters als Gemeindeältester unserer Kirche ernannt. Am 3. Juli wurde ich in das Amt eingeführt. Zwei Monate später besuchte ich erneut die Frankfurter Messe. Bei meiner Rückkehr aus Frankfurt fand ich meinen Bruder Isaac zu Hause vor. Er hatte die französische Armee verlassen sowie Bonn, das von den Alliierten belagert wurde.

Unterdessen setzte ich meinen Papierhandel fort. Herr Jakob von Bergen, der mein Korrespondent in Bremen war, brachte mir die Geschäftsverbindung mit Herrn Isaac Janssen ein, der in Hamburg einen Papierhandel unterhielt. Mit Herrn Janssen machte ich einige Geschäfte. Außerdem erhielt ich von Herrn Haxtausen, meinem Helfer, einige Ratschläge, wie ich Buchauktionen durchführen könnte. Auch auf diesem Gebiet erzielte ich einige gute Gewinne.

1690

So ging das Jahr 1689 zu Ende, wir traten in das Jahr 1690 ein. Am 4. August 1690 wurde unser 5. Kind, Isaac, geboren. Die Taufe fand am Sonntag, dem 6. August, statt. Mein Bruder Isaac und meine Schwägerin Sara Gremecieux, Frau von Herrn Adam Roupeurt[54], amtierten als Paten.

Meine Mutter drängte meinen Bruder Isaac sehr zur Heirat. Er entschloß sich schließlich am 7. Oktober 1690, Louise Gomeret[55] zu heiraten und eine kleine Geschäftsniederlassung zu gründen.

Unterdessen erweiterte sich mein Papierhandel mehr und mehr sowohl in Holland als auch in Bremen und Hamburg. So ging dieses Jahr zu Ende.

1691

Zu Beginn des Jahres 1691 stieß mein Bruder Gédéon zu uns. Er hatte ebenfalls den französischen Militärdienst verlassen. Mein Bruder Isaac, der sich hier nicht sehr wohl fühlte, siedelte nach Berlin über. Da das in der Neustadt gelegene Haus meiner Mutter nun fertig erbaut war, bezog meine Mutter dieses Haus und vermietete mir ihr früheres Haus in der

Stadt. Mein Papierhandel weitete sich noch mehr aus, so daß ich einer Hilfe bedurfte, die fließend Deutsch sprach. Meine Kinder waren ja noch zu klein, um mir helfen zu können. Herr Pierre Sar[56] stellte sich vor und machte mir Vorschläge, die ich annahm. So taten wir uns nur für den Papierhandel zusammen. Herr Sar leistete mir ausgezeichnete Dienste, auch er erzielte gute Gewinne.

Am Jahresende gab ich das Ältestenamt der Kirche auf, der ich zweieinhalb Jahre gedient hatte.

1692

Wir gingen in das Jahr 1692 mit einer weiteren Vergrößerung meines Papierhandels hinein. Herr Isaac Janssen hatte mich mit seinem Bruder, dem Sir Theodore Janssen in London bekannt gemacht. Über zehn Jahre hindurch sandten wir bedeutende Papierbestellungen, die stets im voraus bezahlt wurden, an Herrn Janssen in London. Durch diese Vorausbezahlungen waren wir stets flüssig, und so ging unsere Fabrik gut. Außerdem gingen meine Bücher-Auktionen in Kassel recht gut. Der Fürst[57] besaß die Freundlichkeit, mir für die Auktionen die Kanzlei zur Verfügung zu stellen. Diese Vergünstigung verdankte ich der Fürsprache des Präsidenten, Freiherrn von Kunowitz[58], und des Oberkommissars für die Franzosen, Geheimrat von Wultius[59].

Damals lernte ich auch die gebräuchlichsten Bücher kennen, die von den deutschen Buchhändlern benötigt wurden. Ich fing an, sie ihnen im großen zu verkaufen, was sich in der Folge von Tag zu Tag erhöhte zu meinem großen Vorteil und Gewinn.

Am Donnerstag, dem 13. November 1692, wurde unser 6. Kind, eine Tochter, geboren. Die Taufe fand am 18. November statt. Paten waren Herr Hofprediger Henri Cazelle[60] und Fräulein Marie Ferry[61]. Das Kind wurde auf den Namen Marie Henriette getauft.

1693

Der Krieg nahm seinen Fortgang. Mein Bruder Gédéon

langweilte sich in Kassel. Durch die Fürsprache meiner Freunde besorgte ich für ihn im Schweriner Regiment den Dienstgrad des Sergeanten. Zu Beginn 1693 trat er in das Bataillon ein, mit dem er fortzog. Gédéon versah seinen Dienst so gut, daß er die Anerkennung aller – vor allem die auch seines Generals – erwarb.

Meine Geschäfte in Kassel gingen durch Gottes Gnade mit überwältigendem Segen weiter.

Im Gegensatz dazu befand sich mein Bruder Isaac mit seiner Frau in Berlin durch ihr schlechtes Betragen in ungeordneten Verhältnissen. Sie waren gezwungen, Berlin noch im gleichen Jahr zu verlassen. Mein Bruder trat in das Gallonaysche Regiment in die Dienste des Königs Wilhelm III. von Oranien ein. Isaac war an sich ein tapferer Mensch, und er wäre sicher im Dienstgrad aufgestiegen, wenn er Haltung gehabt hätte. Seine Frau kehrte nach Metz in den „Sumpf" zurück.

1695

Anfang 1695 wurde am 28. Januar unser 7. Kind geboren, es war eine Tochter, die am Montag, dem 31. Januar, in der Taufe den Namen Rachel erhielt. Wir hatten als Paten Herrn de Husse[62], fürstlichen Bibliothekar und Sekretär, gewählt, sowie Fräulein Rachel Fremin[63], die Gouvernante der Prinzessinnen. Anfang des Jahres starb Königin Marie seligen Angedenkens. König Wilhelm III. von Oranien, ihr Gemahl, entschloß sich, Namur zu belagern, ein ruhmreiches, aber schwieriges Unternehmen.

Seit drei Jahren waren die Franzosen durch besondere Befestigungsarbeiten und eine Armee von 15.000 Mann die Herren der Stadt. Namur war eine Garnison, die von einem Marshall von Frankreich befehligt wurde. Es gelang König Wilhelm III. von Oranien trotz aller Schwierigkeiten, die Garnison zu erobern.

Mein Bruder Gédéon, der diese Belagerung in seiner Eigenschaft als Sergeant mitmachte, gab besondere Beweise seiner Festigkeit und Haltung, vor allem bei dem großen Angriff, der die Außenwerke erobern sollte. Bei diesem Angriff tat er sich so hervor, daß das gesamte Regiment ihn lobte, und sein General war so mit ihm zufrieden, daß er Gédéon zum Adjutanten des 3. Bataillons beförderte. Nach Beendigung des Feldzuges bedankte ich mich hier beim General, der mit antwortete: „Ich bin mit Ihrem Bruder zufrieden, er muß nur noch gut Deutsch lernen, dann kann er es noch weiterbringen."

Während dieses großen und grausamen Krieges gingen meine Geschäfte nach Wunsch und vergrößerten sich ständig.

1696

Dieses Jahr begann für uns mit einer großen Betrübnis; denn Gott nahm unsere Tochter Rachel am 30. Januar zu sich.

Der Krieg dauerte weiter an.

Ende des Jahres schenkte Gott uns an Stelle der Tochter, die er uns genommen, einen Sohn. Es war unser 8. Kind, geboren am Sonnabend, dem 29. Dezember, und am kommenden Freitag auf den Namen Adam Paul getauft. Als Paten hatte er meinen Schwager Adam Roupeurt und Frau Susanne Christofe, Ehefrau von Herrn Isaac Jakob[64].

1697

Am 10. Januar wurde ich in unserer Kirche zum zweiten Male Kirchenältester für drei Jahre.

Mehr noch als die Alliierten hatte sich Frankreich im Krieg erschöpft und war seiner überdrüssig geworden. So machte Frankreich Frieden im Schloß von Rijswijk, das König Wilhelm III. von Oranien gehörte. Frankreich hatte so viel von sich reden gemacht und sein Königreich bis zu einem Grade erschöpft, daß es nicht wiederzuerkennen war. Den Frieden, den Frankreich nun gab, nannte man im Stil der Schmeichler Ludwigs XIV. „Europa den Frieden geben". Im September 1697 wurde also der Friede geschlossen.

*Ergänzte und verbesserte deutsche Übersetzung – unter Verwendung einiger Vorschläge von Willy Pöhling – nach: Die Erinnerungen des Jaques [Jacob!] Estienne. * Dieppe*

9.2.1655, † Kassel 18.3.1732. Bremen 1974; 2. unveränd. Aufl. 1976. S. 93–151.
Trotz aller Bemühungen konnte der Rechtsnachfolger des Jacobi-Verlags nicht ermittelt und die Genehmigung des Nachdrucks bisher nicht eingeholt werden.

Anmerkungen:

1 Vgl. *Renouard*, Antoine Auguste: Annales de l'imprimerie des Estienne ou histoire de la famille des Estienne et de ses éditions. 2 Bde. Paris 1837–1838; 2. Aufl. 1843; Nachdruck: New York 1960. Artikel Estienne in: *Haag*: La France protestante. Bd 5. Paris 1855. S. 1–40; 2. Aufl. Bd 6. Paris 1888. S. 114–166.

2 Vgl. *Könnecke*, Gustav (Bearb./Hrsg.): Hessisches Buchdruckerbuch. Marburg a. d. L. 1894. S. 24 ff.

3 Nach jahrelanger Abwesenheit traf Jacob Etienne am 2. Dezember 1677 wieder zu Hause ein und arbeitete zunächst bei seinem Vater. Da er jedoch nicht in die Buchhändlerzunft aufgenommen wurde und das Angebot des Metzer Parlaments, zuerst eine Lehre bei einem römisch-katholischen Meister abzuleisten, ablehnte, versuchte es sein Vater durch eine Intervention in Paris – ohne Erfolg. Vgl. Die Erinnerungen des Jacques [Jacob!] Estienne. *Dieppe 9.2.1655 †Kassel 18.3.1732. Bremen 1974; 2. Aufl. 1976. S. 90, 92–93.

4 Vgl. *Dreusicke*, Hugo: Die französischen Gemeinden in Kassel 1687–1867. Frankfurt a. M. 1962. S. 152. = Deutsche Ortssippenbücher. Bd 27.

5 Gemeint ist Breisach i. Breisgau, wo ein besonderer Gerichtshof (conseil souverain d'Alsace) die Annexion des Elsaß einleitete. Vgl. *Immich*, Max: Geschichte des europäischen Staatensystems von 1660 bis 1789. München & Berlin 1905. S. 105 = Handbuch der mittelalterlichen und Neueren Geschichte.

6 Nancy (heute Hauptstadt des Depart. Meurthe-et-Moselle) – Residenzstadt der lothringischen Herzöge – war 1670 von den Franzosen besetzt worden.

7 Der Friedenskongreß von Nijmwegen 1678/1679 beendete der 2. Expansionskrieg Ludwigs XIV. gegen Holland.

8 Karl II., Sohn Philips IV. von Spanien und der Maria Anna von Österreich, regierte von 1665 bzw. 1675 bis zu seinem Tod 1700 als König von Spanien.

9 Wilhelm III. von Oranien (1650–1702) wurde 1689 König von England.

10 Karl V. (als Herzog der IV.) Leopold von Lothringen (1643–1690).

11 Johann III. Sobieski (1624–1696) war von 1674 bis zu seinem Tod König von Polen.

12 Herzog Franz de Créqui (1624–1687) wurde wie sein Vater 1669 zum Marschall von Frankreich ernannt.

13 Die Kapitulation Luxemburgs erfolgte am 4.6.1684. Damit hatte Ludwig XIV. nach Straßburg und Casale die dritte große Festung in der Hand. Vgl. *Erdmannsdörffer*, Bernhard: Deutsche Geschichte vom Westfälischen Frieden bis zum Regierungsantritt Friedrichs des Großen 1648–1740. Bd 1. Berlin 1892. S. 690.

14 Casale, die wichtigste Festung am Po nördlich von Turin und damit Oberitaliens, wurde am 29.9.1681 mit Erlaubnis des Herzogs von Mantua, der Geld für seine Vergnügungen benötigte, von französischen Truppen besetzt. Vgl. *Immich*: a. a. O. S. 106.

15 Die Übergabe Straßburgs fand gleichenfalls am 29.9.1681 statt. Vgl. *Erdmannsdörffer*: a. a. O. S. 661.

16 Mit dem Kurfürsten Karl (1651–1685), der von 1680 bis zu seinem Tod regierte, erlosch die Linie Pfalz-Simmern. (26.5.1685).

17 Johann Ludwig Fabricius (1632–1696) wirkte als Professor der Philosophie in Heidelberg.

18 Johann Friedrich Mieg (1642–1691) war als Theologieprofessor und Konsistorialrat in Heidelberg tätig.

19 François Michel le Tellier, Marquis de Louvois (1641–1691) war Kriegsminister Ludwigs XIV.

20 Karl II. war von 1660 bis zu seinem Tod 1685 König von England.

21 Jakob II. regierte als König von England von 1685 bis 1688.

22 Heinrich von Navarra amtierte als Heinrich IV. König von Frankreich: 1598–1610.

23 Der katholische Pfalzgraf Philipp Wilhelm von Pfalz-Zweibrücken-Neuburg regierte von 1685 bis zu seinem Tod 1690.

24 Gemeint ist das Revokationsedikt von Fontainebleau, unterzeichnet von Ludwig XIV. am 18.10.1685. Vgl. Rechts-Urkunden zur Geschichte der Hugenotten. Das Edikt von Nantes. Das Edikt von Fontainebleau. Deutsche ungekürzte Ausgabe. Flensburg 1963.

25 Heute 57616 Saint-Julien-Les-Metz, Dep. Moselle.

26 Zacharie Blanchois. Vgl. *Dreusicke*: a. a. O. S. 50.

27 Heute 57155 Courcelles-Chaussy, Dep. Moselle.

28 Bergeron des la Goupilliére war Intendant der Saarprovinz.

29 David Ancillon wurde 1617 in Metz geboren und verstarb 1692 als Pfarrer in Berlin.

30 Isaac de Combles wirkte später als Sprachlehrer in Berlin. Vgl. *Béringuier*: Metzer Réfugiés in Berlin. In: Jahrbuch der Gesellschaft für lothringische Geschichte und Altertumskunde. 1888/1889. 1. Jg., S. 116.

31 François Bancelin war von 1686 bis 1690 Pfarrer in Frankfurt a. d. O., von 1690 bis zu seinem Tod 1703 in Berlin.

32 Paul Joly wirkte von 1685 bis 1710 als Pfarrer in Kassel. Vgl. *Dreusicke*: a. a. O. S. 231.

33 Heute wohl nicht mehr vorhanden, nur auf zeitgenössischen Karten südöstlich von Metz verzeichnet. Vgl. die Karte im Anhang dieses Bandes.

34 Vgl. *Dreusicke*: a. a. O. S. 431.

35 Gestalt der griechischen Mythologie: Sohn des Poseidon und der Erde (Gäa), ein Riese in Lybien, der durch jede Berührung der Mutter Erde immer größere Kraft erhielt.

36 Identisch mit Bliesberg, heute Bliesberger Hof westlich von Homburg. Freundliche Auskunft von Pfarrer Helmut Kimmel, Kaiserslautern.

37 Vgl. *Dreusicke*: a. a. O. S. 196.

38 Identisch mit de Haust. Vgl. *Dreusicke*: a. a. O. S. 481 und öfter.

39 Isaac Jaquelot, geboren 1647 in Vassy, wirkte als Pfarrer an folgenden Stationen des Refuge: Heidelberg, im Haag und zuletzt Berlin, wo er 1708 verstarb. Vgl. *Haag*: a. a. O. Bd 6. Paris 1856. S. 36–39.

40 Vgl. *Dreusicke*: a. a. O. S. 59.

41 Gemeint ist der neue Pfalzgraf Philipp Wilhelm von Pfalz-Zweibrücken-Neuburg.

42 Petrus de Spina (1642–1688) wirkte als Professor der Jurisprudenz und kurpfälzischer Kirchenrat in Heidelberg.

43 Vgl. Anm. 18

44 Vgl. Anm. 17

45 Johannes Darassus (Drassus) amtierte vor 1683 als französisch-reformierter Pfarrer in Lambrecht/Pfalz und von 1683 bis ca. 1709 – mit Unterbrechungen – als wallonischer Pfarrer in Heidelberg. Vgl. *Biundo*, Georg: Die evangelischen Geistlichen der Pfalz seit der Reformation (Pfälzisches Pfarrerbuch). Neustadt a. d. A. 1968. S. 79. Nr 895.

46 Paul Lenfant war im Refuge Kasseler Pfarrer. Vgl. *Dreusicke*: a. a. O. S. 151.

47 Frédéric de Lalouette de Vernicourt, einer bedeutenden Metzer Familie entstammend, wurde im hessen-kasselschen Refuge zum adeligen Rat und Kommissar für französische Angelegenheiten ernannt. Er verstarb in Kassel 1698. Vgl. *Kadell*, Franz-Anton: Die Hugenotten in Hessen-Kassel. Darmstadt & Marburg 1980. S. 370–372. = Quellen und Forschungen zur hessischen Geschichte. 40; *Dreusicke*: a. a. O. S. 432.

48 Vielleicht verschrieben für Cramer = Kramer.

49 Das Anwesen stand wahrscheinlich in der Großen Herrengasse, heute Wildemannsgasse.

50 24. Juni.

51 Johann Friedrich von Haxthausen. Vgl. *Dreusicke*: a. a. O. S. 480.

52 Marie de Monvaux. Vgl. *Dreusicke*: a. a. O. S. 310

53 Jaques Etienne (ca. 1674–1719).

54 Adam Roupert. Vgl. *Dreusicke*: a. a. O. S. 380.

55 Vgl. *Dreusicke*: a. a. O. S. 153.

56 Vielleicht Pierre Sarre, Gärtner aus Metz, später in Berlin. Vgl. *Béringuier*: a. a. O. S. 130.

57 Landgraf Carl von Hessen-Kassel regierte von 1670 bis 1727. Vgl. *Philippi*, Hans: Landgraf Karl von Hessen-Kassel. Ein deutscher Fürst der Barockzeit. Marburg a. d. L. 1976. = Veröffentlichungen der Historischen Kommission für Hessen. 34.

58 Johann Dietrich Freiherr von Kunowitz (1624–1700) war seit 1665 Präsident der Regierungskanzlei. Vgl. *Philippi*: a. a. O. S. 4 bzw. 687.

59 Wilhelm Vultejus. Vgl. *Kadell*: a. a. O. S. 214 ff.

60 Bei *Dreusicke*: a. a. O. nicht nachgewiesen.

61 Vgl. *Dreusicke*: a. a. O. S. 162.

62 Vgl. *Dreusicke*: a. a. O. S. 480.

63 Vgl. *Dreusicke*: a. a. O. S. 475.

64 Vgl. *Dreusicke*: a. a. O. S. 484.

65 Der Friedensschluß von Rijswijk beendete den 3. Expansionskrieg Ludwig XIV. gegen die Pfalz. Die Verhandlungen wurden auf dem oranischen Schloß Nieuwburg beim Dorf Rijswijk (zwischen Delft und dem Haag gelegen) geführt. Vgl. *Erdmannsdörffer*: a. a. O. Bd 2. Berlin 1893. S. 76.

Jacob Estienne und seine Verwandtschaft

zusammengestellt von Hildegard *Cronjaeger*

Erklärungen: * = geboren, † = gestorben, oo = verheiratet, Ks.A. = Kassel-Altstadt, So = Sohn, To = Tochter.

Jacob Estienne, der Vater, Buchhändler
* Dieppe/Normandie 15.9.1628
† Ks.A 22. (30.) 3. 1689, 60 J.

oo Jeanne Minuel
* Dieppe um 1633
† Ks.A. 5.10.1706, 73 J.

1684 wohnhaft in Metz, Kirchspiel St. Gorgon, Place d'Armes.

Kinder (Reihenfolge teils unbestimmt)

A) Isaac: In der frz. Armee, Bonn, 1689–1690 Ks., 1691–1693 Berlin, zur Armee, nach Metz zurück, seine Frau auch.
oo Ks.A. 7.10.1690 Louise Gomeret
Tochter des Daniel, Metz.

B) Jeanne
† Berlin vor 1717, 38 J.
oo ... Naudé aus Metz
† Berlin 1717.

C) Gédéon, 1691–1693 und 1698–1699 Kassel, zuletzt im Nordischen Krieg in Polen. Seit ca. 1700 keine Verbindung mehr mit der Familie in Kassel.

D) Jaques, jüngstes Kind,
† um 1674. Flieht mit der Familie des Bruders Jacob, 11 Jahre alt über Heidelberg, Frankfurt/M. 1689 nach Ks. Lebt in Berlin. 10.9.1709 (Berlin-) Cölln a. d. Spree Privileg als Buchhändler.

E) Vermutlich noch eine Tochter, oo ... Jaspard/Gaspard aus Metz.

F) *Jacob (nicht Jacques!) Estienne* Sohn, der Schreiber der Erinnerungen, Buchhändler, 1684 am selben Platz in Metz wohnhaft wie seine Eltern.
* Dieppe/Norm. 9.1.1655 als erstes Kind
† Ks.A. 18.3.1732, 77 J. 5 Wo.
oo Metz 15.9.1680 Anne Gremecieux/Gremecié aus Metz
To. des vor 1680 † Samuel, Tuchhändler, u. d. Sara Simon.
* vermutlich Metz um 1661
† Ks.A. 20.12.1732, 71 J.
Verwandte der Anne Estienne geb. Gremecieux/Greumsiet (!):
Ihre Mutter Sara Gremecieux geb. Simon aus Metz.
* um 1635, † Ks.A. 7.10.1720, 85 J.
Ihre Schwester Susanne Blan(c)bois/Blanchois geb. Gremecieux,
oo vor 1684 Zacharie Blan(c)bois, Färber aus Metz.
Fliehen nach Hanau mit 1. So. u. 3 kl. Tö.
Ihre Schwester Sara Gremecieux/Greumsiet (!)
oo I. Ks.A. 30.7.1688 Adam Roupe(u)rt,
Kaufmann, Kürschner aus Metz,
* Metz um 1657
† Ks.A. 24.7.1707, um 50 J.
Deren 4 Kinder * zwischen 1691 u. 1697. To. Anne, * 26.3.1695,
oo Pfarrer Wolfgang du Moulin
oo II. Ks.A. 14.8.1708 Jean C(h)assignol, † 1717.
Ihre zwei Brüder, einer konvertiert in Metz.

Die 13 Kinder des Ehepaares Jacob Estienne (Schreiber der Erinnerungen) und seiner Frau *Anne geb. Gremecieux:*

1) * Metz 16.10.1861 *Anne Jeanne*
† Ks.A. 14.5.1740, 58 J. 7 M. 2 T.
oo Ks.A. 12.5.1707 Durand Valescure,
Posamentenmacher aus Nîmes/Lang.
S. d. Pierre in Hameln u. d.
Susanne Martin,
* um 1676, † Ks.A. 11.12.1722, um 46 J.
Lebten in Hameln, Detmold, ab 1719 Kassel.

Deren drei Kinder: Amélie, oo 15.9.1731 Pfarrer David Clément, Hofgeismar,
Charlotte und Jacques/Jacob.

2) * Metz 15.9.1683 *Jacob*, Buchhändler
† Ks.A. 2.5.1738, 54 J. 7 M. 17 T.
oo Holland 13.9.1711 Marianne Fouquet,
To. einer Witwe aus Rouen
† Bremen 10.5.1730 an Wassersucht

Lebten hauptsächlich in Bremen, aber auch in Hamburg, Hameln, Erfurt, Heidelberg und Kassel. Keine Kinder erwähnt.

3) * Heidelberg 8.3.1686 *Jean Frédéric*, Leutnant
† Bremen 5.11.1719, 33 J.

4) * Ks.A. 12.(20.)8.1688 *Jean Samuel*, Buchhändler in Kassel
† Ks.A. 23.12.1750, 62 J. 4 M. 11 T.
oo Schloß Eis(en)bach 3.1.1738 Louise Artemise Charlotte Houel
* um 1707
† Ks.A. 24.5.1764, 57 J. 2 M.

Deren vier Kinder zwischen 1738 und 1745: Jeanne Louise, Marie Amelie, Artemise Charlotte, Jean Friederich (später Buchdrucker).

5) * 4.8.1690 *Isaac*, Konditor, Buchhändler in Hamburg
oo Berlin 25.10.1717 Madeleine Payot,
To. d. Samuel, Krämer aus Metz.

Lebten in Berlin und Bremen, hauptsächlich in Hamburg.
Deren Kinder:
1. To. Rachel, * Hamburg 27.7.1718
2. To. Anne Madeleine gen. Madelon, * Berlin 4.2.1724, † 1797.
oo 1745 Gaspard Gabain aus Celle. Ihr übereignete ihr Onkel Jean Samuel Estienne die Erinnerungen seines Vaters, ihres Großvaters Jacob Estienne am 21.5.1747 mit einer Widmung.
3. To. Nanette, * 1725

und die 5 Söhne Isaac, Jacques, Jeremias, * um 1729 sowie Mathieu, * 4.11.1731 und Jean David, * um 29.11.1735. Dieser Jean David E(s)tienne, Buchdrucker, verheiratete sich 1761 mit seiner Cousine Jeanne Louise E(s)tienne, Tochter von Jean Samuel, und blieb in Kassel.

6) * Ks.A. (3.)13.11.1692 Marie Henriette, † Ks.A. (13.)23.4.1698

7) * Ks.A. 21.(28.)1.1695 *Rachel*, † Ks.A. 1.(30.)1.1696

8) * Ks.A. 19.(29.)12.1696 *Adam Paul*, † 30.12.1717 als Rekrut an Schwindsucht in Güstrow/Mecklenbg.

9) * Ks.A. 26.12.1698 (6.1.1699) Gédéon, † Ks.A. (24.)27.12.1700

10) * Ks.A. 27.2.(1.3.)1700 Anne Marie, † Ks.A. 9.9.1717, 17 J.

11) * Ks.A. 25.3.1701 *Pierre Philippe*, † Kaufungen 6.(4.)5.1701 bei seiner Amme

12) * Ks.A. 10.(11.)10.1702 *Susanne Sara*, † Ks.A.24.12.1704
13) * Ks.A. 13.3.1708 *Charlotte*, † Mariendorf 26.3.1709

Anmerkung:
Eingeklammerte Daten sind den „Erinnerungen" entnommen, sie differieren mit den Kirchenbucheintragungen. Teilweise ergaben sich Schwierigkeiten in der Datierung durch die Kalenderreform.

Quellennachweis:

Der Verbleib der Handschrift von Jacob Etienne – mit Nachträgen seines Sohnes Samuel und dessen Ehefrau – ist unbekannt. Die von Jean Samuel für die nach Celle verheiratete Nichte Anne Madelaine Gabain, geborene Etienne (1724–1797) – laut Widmung aus Kassel, den 21. Mai 1747 – bestimmten Aufzeichnungen sind dort eingetroffen. Denn der Gerbergeselle Matthieu Charles Frédéric Etienne (1764–1836) benutzte den Celler Aufenthalt, um im Januar 1786 die wichtigen Familiennachrichten abzuschreiben. Diese Abschrift ist in Familienbesitz wieder aufgetaucht und uns freundlicherweise zur Verfügung gestellt worden.
Eine vollständige deutsche Übersetzung erschien unter der Überschrift:
Erinnerungen meines Urgroßvaters Jacob Estienne, verfaßt von ihm selbst und abgeschrieben von Matthieu Charles Frédéric Estienne, Gerbergeselle in Celle, im Monat Januar des Jahres 1786.
In: Kirchliche Nachrichten für die französisch-reformierte Gemeinde in Großberlin.
27.04.1924, [I.Jg.], Nr 14, S. 53– 55;
04.05.1924, [I.Jg.], Nr 15, S. 58– 60;
11.05.1924, [I.Jg.], Nr 16, S. 63– 64;
25.05.1924, [I.Jg.], Nr 18, S. 71– 72;
08.06.1924, [I.Jg.], Nr 20, S. 79– 80;
29.06.1924, [I.Jg.], Nr 23, S. 91– 92;
27.07.1924, [I.Jg.], Nr 27, S. 107;
17.08.1924, [I.Jg.], Nr 30, S. 119–120;
31.08.1924, [I.Jg.], Nr 32, S. 126–127;
19.10.1924, [I.Jg.], Nr 39, S. 155–156;
21.12.1924, [I.Jg.], Nr 48–49, S. 194–196;
12.07.1925, [II.Jg.], Nr 28, S. 111–112;
26.07.1925, [II.Jg.], Nr 29, S. 114–116;
02.08.1925, [II.Jg.], Nr 30, S. 118–119;
09.08.1925, [II.Jg.], Nr 31, S. 123–124;
16.08.1925, [II.Jg.], Nr 32, S. 127–128;
23.08.1925, [II.Jg.], Nr 33, S. 130–132;
06.09.1925, [II.Jg.], Nr 35, S. 139–140;
13.09.1925, [II.Jg.], Nr 36, S. 143–144;
20.09.1925, [II.Jg.], Nr 37, S. 147–148;
27.09.1925, [II.Jg.], Nr 38/39, S. 152–156;
04.10.1925, [II.Jg.], Nr 40, S. 158–160;

11.10.1925, [II.Jg.], Nr 41, S. 162–164;
18.10.1925, [II.Jg.], Nr 42/43, S. 171;
25.10.1925, [II.Jg.], Nr 44/45, S. 178–180;
15.11.1925, [II.Jg.], Nr 48, S. 192;
06.12.1925, [II.Jg.], Nr 51/52, S. 204–208;

Eine stellenweise gekürzte, stilistisch verbesserte Übersetzung kam unter dem folgenden Titel heraus:
Die Erinnerungen des Jacques [Jacob!] Estienne. *Dieppe 9.2.1655 †Kassel 18.3.1732. Bremen 1974; 2. unveränd. Aufl. 1976.

Über London nach Hanau

Erinnerungsbilder von Susanne Madeleine Jassoy, geborene Morizot

Die Verfasserin schildert die Verfolgung von Metzer Hugenotten nach der Aufhebung des Ediktes von Nantes. Betroffen wurde davon zunächst ihre Großmutter Susanne Beaudesson, die nach Mißhandlungen durch Dragonaden schwerverletzt die Sterbesakramente eines katholischen Geistlichen zurückwies[1]. „Auf Beschluß des [Metzer] Parlaments ward ihr Leichnam am 5. Dezember 1686 vom Henker auf einer Schleife durch die Stadt und auf den Schindanger geschleift und dort zwischen tote Hunde und Pferde geworfen."[2] Auch ihre Mutter Susanne Jacob (geboren am 30. Dezember 1671[3]), die 1734 den kinderlosen Witwer und Tuchkaufmann Jean Morizot geheiratet hatte[4], war als Mädchen zwei Jahre lang in das berüchtigte Bekehrungshaus gesteckt worden. Als Susanne Madeleine nach vergeblichen Zwangsversuchen im Rahmen des katholischen Religionsunterrichts die Einweisung ins Kloster drohte, entschloß sich der Vater 1749 zur Flucht. Neben seiner Frau und ihren beiden Töchtern Susanne Madeleine (geboren 1736) sowie Anne (geboren 1740)[5] begleiteten ihn seine Schwiegermutter, die Witwe Jacob, mit ihren zwei ledigen Töchtern.

Herr Morizot begann nunmehr mit allem Eifer, aber auch der größten Vorsicht, seine Vorbereitungen zur Flucht zu treffen. Frau Witwe Jacob und ihre beiden ledigen Töchter verließen Metz zuerst und begaben sich nach Bischweiler im Elsaß[6], wo sie einstweilen in Sicherheit waren. Sie nahmen die Tochter des Pfarrers Heilmann mit dorthin, um sie ihrem Vater zurückzugeben; dagegen verblieb Herrn Morizots Sohn Jean Paul[7] vorläufig noch in Bischweiler. Unter der Hand verkaufte sodann Herr Morizot den größten Teil seiner aus Musselin, Baumwollenzeug, Barchent, grober und feiner Leinwand sowie allerlei Stickereien bestehenden Waren, der zu befürchtenden Nachforschungen wegen jedoch mit der Vorsicht, daß der Laden niemals allzusehr entleert wurde. Die Käufer waren meistens Juden, welche Herrn Morizot zugetan waren, weil, wenn sie unter den Arkaden standen, er sie immer in seinen Laden eintreten ließ, sobald das Glöckchen das Herannahen des Venerabile[8] meldete, um sie vor Beschimpfungen und Mißhandlungen zu bewahren.

In der Nähe von Metz besaß Herr Morizot eine Meierei. Er wollte sie gern verkaufen. Allein ohne besondere Erlaubnis durften die Reformierten liegende Güter nicht veräußern. Um seinen Zweck zu erreichen, mußte er sich einer List bedienen. Seinem Haus gegenüber wohnte eine Dame, die in intimen Verhältnissen zu einem Herrn stand, der im Parlament viel zu sagen hatte. Herr Morizot ließ die Dame zu sich bitten, zeigte ihr seine Bücher, in denen ihr Konto mit hundert Franken belastet war und sagte: „Fräulein, Sie könnten mir einen großen Dienst erweisen. Ich bin bereit, meine Forderung an Sie zu streichen, wenn ich durch Ihre gütige Vermittlung die Erlaubnis erhalte, meine Meierei zu verkaufen. Ich schulde nämlich einem Kaufmann in Lüttich für Waren viertausend Franken. Er ist gegenwärtig hier, um sein Geld einzuziehen. Ich kann aber nur dann bezahlen, wenn ich meine Meierei verkaufen darf, für welche man mir gerade diese Summe geboten hat. Wenn aber der Lütticher Kaufmann seine Forderung einklagen würde, so würde dies meinem Kredit sehr nachteilig sein." Die Dame versprach, ihren Einfluß zu seinen Gunsten geltend zu machen. Sodann verabredete Herr Morizot mit seinem Lütticher Geschäftsfreund, daß dieser wegen einer Schuld in Höhe von viertausend Franken gegen ihn klagen solle. Jener ging darauf ein unter dem Vorbehalt, daß er seine Forderung nicht etwa beschwören müsse. Vor Gericht erkannte Herr Morizot die Forderung an und erhielt daraufhin die Erlaubnis zum Verkauf seiner Meierei. Er brachte dann der Dame die quittierte Rechnung und strich ihre Schuld in seinen Büchern, was er auch ohnehin getan haben würde und wie er es mit vielen anderen Forderungen tun mußte. Denn es konnte ihm ja gleichgültig sein, wem seine Habe einst zufallen würde, ob seinen Schuldnern oder dem König.

Um, ohne Aufsehen zu erregen, die erforderlichen Vorbereitungen zur Flucht treffen zu können, galt es nun vor allen Dingen, die Verschwiegenheit des Dienstmädchens zu erkaufen. Herr Morizot fragte, ob es bereit sei, gegen gute Bezahlung ein wichtiges Geheimnis zu bewahren. Das Mädchen versprach es, und nun sagte er ihr, sie möge ihn handeln lassen und dabei behilflich sein, ohne zu fragen, was er vorhabe. Seine Frau würde ihr dafür die Möbel für einen ganzen Haushalt schenken: Bett, Schrank, Stühle, Tische, Leinenzeug, Zinn und Küchengeschirr. Außerdem wolle er ihr das Gehalt für das ganze Jahr bezahlen und ihr noch zweihundert Franken dazu geben. Das Mädchen blieb verschwiegen und war seiner Herrschaft treu. Bei dem Wegzug übergab ihm Frau Morizot sämtliche Schlüssel des Hauses mit der Erlaubnis, sich nehmen zu dürfen, was es zu dem Fuhrmann tragen könne, der sie und die Ihrigen von Metz fortbringen würde. Das Mädchen war mit dem Fuhrmann verwandt und ließ sich von dessen Tochter dabei helfen. Auf diese Weise war es während der Nacht, in welcher die Familie Morizot ihre Flucht unternahm, in seinem eigenen Interesse beschäftigt und fand keine Zeit, durch Anzeige bei der Polizei die Flucht zu vereiteln.

Während der Nacht ließ nun Herr Morizot die besten Kleidungsstücke der Familie, Leinenzeug, Silbergeschirr und einige seiner Waren durch einen ihm getreuen Böttcher in zwei große Fässer verpacken, diese bei Tagesanbruch aufladen, zu einem eine Stunde von Metz gelegenen Pachthof fahren und dort bis zum Abend in eine Scheune einstellen. Der Inhalt der Fässer wurde als Wein deklariert und der Ausfuhrzoll dafür bezahlt. Mit einem Fuhrmann war vereinbart worden, daß er den Wagen mit der Familie nach Ludweiler, einem etwa zehn Stunden von Metz gelegenen deutschen Grenzdorf, fahren solle. Dem Fuhrmann müßte dafür der Wagen und seine vier Pferde bezahlt werden. Außerdem bekam er die hundert Taler, welche diejenigen zu erhalten pflegten, die Flüchtlinge anzeigten und noch einen Schuldbrief im Werte von zweihundert Talern. Der Knecht, der die Pferde führte, bekam ebenfalls eine gute Belohnung.

Der zur Flucht bestimmte Tag war ein Samstag, vier Wochen vor Ostern im Jahre 1749. Er war insofern gut gewählt, als an dem darauf folgenden Sonntag zur Feier des Friedensschlusses ein großes Feuerwerk mit Illumination veranstaltet werden sollte und durch diese Festlichkeiten die allgemeine Aufmerksamkeit von dem Tun und Treiben des einzelnen abgelenkt wurde. Schon früh am Morgen schickte Frau Morizot ihre beiden Töchter zu einer Freundin, der Frau von Bassare und ließ diese bitten, sie möge die Kinder während des Tages bei sich im Zimmer behalten. Diese Vorsicht war nötig, um zu verhindern, daß namentlich die kleine Anna, die etwas schwatzhaft war, den Dienstboten erzähle, was sie zu Haus gesehen hatte. Abends gegen sechs Uhr wurden die Kinder durch die Tochter des Fuhrmanns abgeholt und an den außerhalb der Stadt gelegenen Ort gebracht, wo sie der Fuhrmann erwartete. Weil es geschneit hatte und das Kind weinte, nahm dieser die kleine Anna auf den Rücken. Madeleine ging nebenher und hielt sich am Rockschoß des Fuhrmanns fest. So gingen sie in dunkler Nacht etwa eine Stunde Wegs, bis sie zu dem mit einer Leinwanddecke versehenen Wagen kamen, wo Herr und Frau Morizot sie bereits erwarteten. Jede der bei der Flucht beteiligten Personen war, um alles Aufsehen zu vermeiden, zu einem andern Stadttor hinausgegangen.

Nachdem so alle beisammen waren, bestiegen sie den bereitstehenden Wagen und fuhren unter Leitung des Fuhrmanns in dunkler Nacht der deutschen Grenze zu. Ernste Gedanken waren es, welche sie dabei bewegten. Eines Teils war es die Besorgnis, entdeckt zu werden, ehe sie die Grenze erreichten konnten, und in diesem Fall war allen Beteiligten strenge Strafe gewiß, zum anderen die Ungewißheit, ob sie in einem fremden Land, dessen Sprache, Sitten und Gebräuche ihnen zum großen Teil unbekannt waren, sich zurecht zu finden und sich einen ihnen angemessenen Wirkungskreis zu sichern vermöchten. Der Wert derjenigen Objekte, die zurückgelassen werden mußten, war sehr erheblich. Außer zwei Häusern in Metz, einer Menge von Waren, die man weder verkaufen, noch mitnehmen konnte, mußten auch viele ausstehende Forderungen im Stich gelassen werden. Herr Morizot berechnete seinen Verlust ohne die Häuser auf mindestens 25.000 Francs, eine für die damalige Zeit sehr beträchtliche Summe. Zur Bestreitung der Reisekosten trug er einen mit Goldmünzen gefüllten Gürtel, während seine Frau doppelte Taschen hatte und kleine Münzen im Gewicht von siebzehn Pfund bei sich führte.

Unterwegs gab Frau Morizot ihren Gedanken lauten Ausdruck: „Meine lieben Kinder", sprach sie, „wir verlassen unser Vaterland und alles, was uns wert und teuer ist, um euretwillen und des Heiles eurer Seele willen. Aber die Gefahr ist groß. Ihr müßt wissen, was uns bevorsteht, wenn wir ertappt werden. Der Vater kommt auf die Galeere, der Mutter wird von Henkers Hand der Kopf geschoren, und sie kommt auf Lebenszeit ins Gefängnis, die Kinder aber kommen ins Kloster und ihr Vermögen wird eingezogen[9]. Bittet daher Gott mit mir, daß er uns glücklich entweichen lasse aus Babylon, wo wir so vieles erduldet haben und wo wir endlosem Elend ausgesetzt wären, wenn unsere Flucht mißlingen sollte." Sie wurde so ergriffen, daß sie in Tränen ausbrach. Die Kinder weinten mit ihr. Nach einigen Augenblicken fuhr sie fort: „Lebt wohl denn ihr Freunde, lebe wohl Metz, du meine Vaterstadt, lebe wohl, Frankreich, mein Vaterland, du Land, wo Milch und Honig fließt, für uns aber nur Kummer und Tod zu finden ist. Leb' wohl, du armes Volk, das man in Aberglauben und Irrtum versinken läßt, dem man die heiligen Bücher entzieht unter dem Vorwand, sie seien ihm unverständlich, das man die Knie beugen läßt vor Menschenwerk, vor Silber, Steinen und Holz, während doch geschrieben steht im Levitikus[10]: Ihr sollt euch keine Götzen machen, noch Bild und sollt euch keine Säule aufrichten, noch keinen Malstein setzen in eurem Land, daß ihr davor anbetet; denn ich bin der Herr euer Gott. Deinen Fanatismus wußte die Priesterschaft zu entflammen bis zu der entsetzlichen Metzelei der Bartholomäusnacht. Ihr Werk ist die Aufhebung des Edikts von Nantes, das mit des Königs Siegel bestätigt war. Wen sie mit Gewalt nicht zwingen kann, der muß das Land verlassen mit Verlust seiner Güter, seiner Ruhe, seines Glückes. Du armes Frankreich, kein einziger Ort ist innerhalb deiner Grenzen zu finden, wo man Gewissensfreiheit und Schutz vor Qual und Verfolgung genießen kann."

Unter solchen Betrachtungen kamen unsere Flüchtlinge nachts um zwei Uhr in ein lothringisches Dorf, wo sie etwas weniger in Gefahr waren, weil der Ort unter der Oberhoheit des Königs Stanislaus stand und man sie deshalb nicht ohne weiteres hätte festnehmen können. Sie blieben dort bis vier Uhr morgens, und Herr Morizot sorgte dafür, daß die Pferde gut gefüttert wurden. Als man wieder eine halbe Stunde unterwegs war, bemerkte Herr Morizot plötzlich, daß der Fuhrmann fehlte. Da der Knecht über das Verbleiben seines Herrn keine Auskunft zu geben wußte, befiel Herrn Morizot große Angst. „Wenn er nach Metz zurückgegangen wäre", sagte er zu seiner Frau, und man uns die Polizeireiter nachschickt, so wären wir verloren." Um sieben Uhr morgens war der Fuhrmann noch nicht da. Plötzlich hörte man Lärm. Herr Morizot ging an einen Kreuzweg, um Umschau zu halten. Er sah, daß von rechts her etwa zwanzig Bauern kamen, welche Hacken und Beile trugen. „Die Bauern eines ganzen Dorfes sind uns auf der Spur", sagte Herr Morizot, als er wieder bei den Seinen war, unser Fuhrmann hat uns sicher verraten. Wir werden ihnen nicht entgehen. Es sind ihrer allzu viele. Kinder, wenn sie euch ergreifen wollen, versucht euch zu retten, wie ihr könnt. Vielleicht kommt ihr durch. Versucht nach Ludweiler zu entkommen, und geht dort zu dem Prediger, der mit mir befreundet ist. Gott wird für das übrige sorgen." Seine Angst war indessen grundlos gewesen. Die Bauern gingen ruhig ihres Weges, und plötzlich erschien auch der Fuhrmann wieder, wünschte guten Morgen und sagte, er habe hinten auf dem Wagen geschlafen und die Bauern hätten ihn aufgeweckt. Bis zum nächsten Dorfe sei es nur noch eine halbe Meile, dort wolle er die Pferde etwas ruhen lassen. In drei Stunden wäre er in Ludweiler. Herr Morizot machte ihm Vorwürfe, daß er durch sein Verhalten die Befürchtung habe aufkommen lassen, von ihm verraten worden zu sein.

„Ach, mein lieber Morizot", sagte der Fuhrmann, „wie können Sie so etwas von mir denken? Halten Sie mich für fähig, gegen Sie, der Sie mein und meiner Nichte Wohltäter sind, eine solche Undankbarkeit zu begehen? Sie kennen mich nicht. Ich bin zwar ein armer, aber ein ehrlicher Mann. Nicht für tausend Taler würde ich Sie verraten."

Im nächsten Dorf wurde eine kleine Ruhepause gemacht, damit die Kinder etwas schlafen konnten. Mittlerweile war Tauwetter eingetreten, und die Wege waren grundlos geworden, was sich um so fühlbarer machte, als die Reisenden, aus Furcht verfolgt und eingeholt zu werden, nicht auf der großen Landstraße fuhren. Sie schlugen Nebenwege ein, verirrten sich dabei im Wald und bemerkten schließlich, daß sie, statt vorwärts zu kommen, sich wieder in der Richtung gegen Metz bewegten. Um besser beobachten zu können, hatte sich Herr Morizot hinten auf den Wagen gesetzt. Von da aus sah er einen Reiter kommen, der einen blauen Mantel trug und den er für einen Polizeireiter hielt. Er gebot dem Fuhrmann, die Pferde anzutreiben. Aber diese wollten nicht mehr ziehen; denn der Wagen war in einen Morast geraten. Der Reiter kam näher und Herr Morizot hoffte, sich seiner mit Geld entledigen zu können. Alle Besorgnis schwand jedoch, als der Reiter grüßend vorbeiritt und man dabei bemerken konnte, daß er eine Tounsur hatte.

Da die Wagenräder tief eingesunken waren, stiegen alle vom Wagen, um zu helfen. Herr Morizot schob und drückte an den Rädern. Seine Frau jammerte, der Fuhrmann fluchte, und der Knecht zog schreiend an den Pferden. Während zwei Stunden kam der Wagen nicht von der Stelle. Der Fuhrmann wollte im nächsten Dorf Hilfe holen. Herr Morizot aber verhinderte dies, indem es ihm allzu gefährlich schien, und sagte dem Fuhrmann, er solle lieber den Pferden Hafer geben. Der Fuhrmann aber hatte keinen mehr, weil, während er geschlafen hatte, sein Hafersack vom Wagen gefallen war. Da bat Herr Morizot seine Frau, den Pferden Brot zu geben. Es geschah, und eine Viertelstunde später gelang es, die Pferde wieder in Gang zu bringen. Um sechs Uhr abends hatten die Flüchtlinge glücklich die deutsche Grenze überschritten und kamen in Ludweiler an. Mitten im Dorf fiel eines der Pferde tot zur Erde. Frau Morizot führte die Kinder zu dem Prediger und ließ sie vorläufig dort. Der Prediger ging mit ihr zu dem Wagen, wo ihr Mann geblieben war, und sorgte für einen anderen Fuhrmann, der sie nach Saarbrücken bringen sollte. Noch an demselben Abend wurde umgeladen. Der Metzer Fuhrmann und sein Knecht wurden entlassen, nachdem sie noch ein gutes Trinkgeld bekommen hatten.

Mit innigen Worten dankten die Flüchtlinge Gott für ihre glückliche Befreiung. Während der Nacht blieben sie bei dem Prediger, der sich ihrer annahm, und am frühen Morgen, nachdem sie ihm für seine freundliche Aufnahme und Unterstützung herzlichst gedankt hatten, setzten sie die Reise fort, um noch an demselben Tage nach Saarbrücken zu gelangen. Als junges Mädchen war Frau Morizot einige Zeit dort in Pension gewesen, um die deutsche Sprache zu erlernen, und war auch dort konfirmiert worden. Sie besaß noch mehrere Freundinnen, welche sie besuchte und denen sie mitteilte, daß sie beabsichtige, sich acht Tage aufzuhalten. Allseitig wurde ihr jedoch hiervon abgeraten, weil sie so nahe an der Grenze der steten Gefahr ausgesetzt sei, angehalten und wieder nach Frankreich ausgeliefert zu werden. Erst vor kurzem habe ein Flüchtling diese Erfahrung gemacht; doch sei es ihm noch gelungen, sich zu retten. Dieser Rat fand Beachtung, und am folgenden Tage wurde daher die Reise fortgesetzt. Das nächste Reiseziel war Zweibrücken, wo man acht Tage blieb, um die Ankunft der Witwe Jacob und des Sohnes Jean Paul abzuwarten.

Die Absicht des Herrn Morizot war es, nach Hanau oder in die Schweiz zu gehen und sich dort niederzulassen. Dieser Plan fand jedoch nicht den Beifall seiner Frau, die durchaus nach England wollte und für ihr Vorhaben geltend machte, daß sie Briefe von ihrem Bruder Jean aus London erhalten habe. Er habe ihr alle Vorteile geschildert, deren sie in England teilhaftig werden würde, und ihr warm empfohlen, sich wie er dort anzusiedeln. Vergebens stellte Frau Jacob ihrer Tochter vor, daß sie alle der englischen Sprache unkundig seien und ihnen dieser Umstand ungeahnte Schwierigkeiten bereiten müsse. In Hanau hätten sie dagegen Verwandte und Freunde, auf deren tätige Hilfe sie mit Sicherheit rechnen könnten. Sie stellte in Aussicht, mit ihren Töchtern ebenfalls nach Hanau ziehen zu wollen, um ihre Tage dort zu beschließen. Alle Vorstellungen waren vergeblich. Frau Morizot beharrte auf ihrem Entschluß, und ihr Gatte gab schließlich nach. Frau Jacob aber sagte, daß sie sich nicht entschließen könne, nach England zu gehen, und reiste schweren Herzens nach Bischweiler zurück, nachdem sie von der Familie Morizot Abschied auf Lebenszeit genommen hatte. Unsere Flüchtlinge aber fuhren zunächst nach Bingen und mieteten dort ein Schiff, das sie nach Köln bringen sollte.

Die Wasserfahrt auf dem herrlichen Rheinstrom bereitete unseren Reisenden großes Vergnügen, und mit Hilfe von drei kräftigen Ruderern, denen sich der junge Morizot zeitweise als Vierter zugesellte, kamen sie auch ziemlich rasch voran. Vor Einbruch der Nacht waren sie in Koblenz und wollten dort übernachten. Der Schiffer aber meinte, eine Meile abwärts sei ein großes Dorf, in dem sie besser unterkommen und von wo sie leichter früh am Morgen weiterreisen könnten. In Wahrheit aber hätte der Schiffer in Koblenz Hafengebühren bezahlen müssen, was er zu vermeiden suchte.

Herr Morizot ließ sich auf den Vorschlag des Schiffers ein, hatte es jedoch sehr zu bereuen. Es war schon ziemlich spät in der Nacht, als unsere Reisenden in einem schlechten Dorf ankamen. Der Schiffer führte sie in eine Schenke, in welcher den Tag über getanzt worden war und wo sich noch eine Anzahl junger Burschen und Mädchen beim Nachtessen befand. Besondere Zimmer zum Übernachten waren nicht vorhanden, und so mußten sich unsere Reisenden bequemen, im Wirtschaftszimmer und in Gegenwart von sechs jungen Männern und ebenso viel jungen Mädchen auf Stroh zu schlafen. Da Herrn Morizot die Gesellschaft, in welcher er die Nacht verbringen sollte, in hohem Grade verdächtig vorkam, legte er sich nicht nieder, sondern er setzte sich auf eine Bank zur Seite des Fensters und legte zwei Pistolen vor sich auf den Tisch, um auf alle Fälle gerüstet zu sein. Um ihn abzulösen, wenn er etwa von Müdigkeit überwältigt werden sollte, setzte sich sein Sohn ihm zur Seite. Mit Tagesanbruch weckte Herr Morizot seine Angehörigen. Er wollte hinausgehen, fand aber die Türe von außen verschlossen. Er öffnete das Fenster und bemerkte, daß es mit Eisengittern versehen war. Da ihm dies höchst verdächtig schien, gab er einen Pistolenschuß in die Luft ab, was zur Folge hatte, daß die ganze Gesellschaft in Bewegung geriet und der Wirt herbeikam, um zu öffnen. Herr Morizot schimpfte; da er aber kein deutsch konnte, verstand man ihn nicht. Seine Frau dagegen konnte sich dem Wirt wenigstens einigermaßen verständlich machen. Dieser gestand ihr dann, daß er die Türe abgeschlossen habe, weil er sich vor den sechs jungen Leuten fürchtete. Er bat aber, nichts davon zu sagen, weil ihm dies sonst Schaden bringen könne. Der Schiffer aber, dem sie ihr nächtliches Abenteuer erzählten, versicherte, daß der Wirt ein durchaus braver und ehrlicher Mann sei und man von ihm nichts zu befürchten gehabt habe.

Am Morgen wurde die Reise nach Köln fortgesetzt, von wo aus die Reisenden ein großes öffentliches Schiff benutzten, das während der Nacht fuhr und sie nach Rotterdam brachte. Um sich zu den Kaufleuten führen zu lassen, auf die sie Wechsel hatten, suchten sie einen Dolmetscher, konnten aber niemand finden, dem sie sich verständlich machen konnten. „Wir sind hier doch gerade, wie vom Himmel gefallen“, sagte Frau Morizot. „Kein Mensch versteht uns und vermag uns zu sagen, wo wir absteigen können.“ Ein Mann aus dem Volk, der diese Worte gehört hatte, sagte in schlechtem französisch zu ihr: „Madame, ich bin ein ehrlicher Mann. Wenn Sie bei mir wohnen wollen, werde ich mein Möglichstes tun, um Sie zufriedenzustellen.“ Dieses Anerbieten wurde dankbar angenommen. Von den Kaufleuten aber, mit welchen Herr Morizot Geschäfte hatte, erfuhr er später, daß er in ein verrufenes Haus geraten sei. Acht Tage blieben die Reisenden in Rotterdam; dann schifften sie sich in Helvoetsluys nach London ein. Die Überfahrt war stürmisch, und sie hatten viel unter der Ungunst der Witterung zu leiden. In London wurden sie von Herrn Jean Jacob, dem Bruder der Frau Morizot, auf das freundlichste aufgenommen und ihnen in jeder Weise Vorschub geleistet. Dennoch war der Eindruck, welchen das Leben und Treiben der gewaltigen Stadt auf Frau Morizot machte, vom ersten Augenblick an ein durchaus ungünstiger. Schon auf dem Weg vom Hafen zu der ziemlich entfernt gelegenen Wohnung ihres Bruders hatte sie Gelegenheit, mancherlei zu sehen und zu hören, was ihren seitherigen Anschauungen und Lebensgewohnheiten widersprach. Es dauerte daher auch nicht lange, bis sie sich offen darüber aussprach.

Schon am Tag ihrer Ankunft nahm sie ihren Gatten bei der Hand und sagte unter Tränen: „Verzeihe mir, mein Teurer, daß ich dir Kummer bereite. Ich bin es gewesen, die dich verleitet hat, hierher zu kommen, anstatt dir zu folgen und nach Hanau oder in die Schweiz zu gehen; aber es gefällt mir hier durchaus nicht. Wir können hier nicht bleiben."

„Aber weshalb denn? Was hast du für Gründe? Wie kannst du über ein Land urteilen wollen, welches du erst seit wenigen Stunden kennst? Dein Bruder wohnt seit zwanzig Jahren hier und befindet sich wohl dabei. Er hätte uns sicher nicht veranlaßt, hierher zu kommen, wenn er es nicht für vorteilhaft für uns gehalten hätte. Mache dir deshalb keine Sorgen. Ich werde versuchen, hier ein Geschäft zu gründen. Du wirst darin deine Beschäftigung finden, und deine Grillen werden vergehen."

Auch Herr Jean Jacob machte seiner Schwester Vorstellungen und bat sie, von übereilten Entschlüssen abzusehen. „Ich habe für euch ein Haus in Aussicht", sagte er, „welches ich zur Gründung eines Geschäftes für sehr geeignet halte. Es liegt an einer der lebhaftesten Straßen, und ich bin überzeugt, daß du deine Ansichten ändern wirst, wenn du erst die Vorteile kennengelernt haben wirst, welche derjenige genießt, der in London Handel treibt. Ich werde euch zu den Fabrikanten führen, wo ihr aus erster Hand eure Einkäufe machen könnt."

Frau Morizot folgte dem Rate ihres Bruders. Das erwähnte Haus wurde gemietet und mit den Fabrikanten bezüglich des Warenbezugs vereinbart, daß alle diejenigen Stücke, welche nicht angeschnitten worden seien, innerhalb von sechs Monaten unberechnet zurückgegeben werden dürften. Als Verkäuferin wurden eine junge Engländerin angeworben, die etwas französisch sprach, und außerdem ein englisches Dienstmädchen.

Herr Morizot ließ sich in die französisch reformierte Gemeinde aufnehmen und ging mit seiner Familie an einem der ersten Sonntage in die Kirche. Für die Kinder war es das erstemal im Leben, daß sie eine evangelische Predigt anhören durften. Nach der Predigt verkündigte der Geistliche von der Kanzel, daß eine französische Familie namens Morizot sich nach London geflüchtet und der Gemeinde angeschlossen habe. Er forderte dazu auf, die neu Angekommenen in ihren Unternehmungen zu unterstützen, und betete schließlich für deren Wohlergehen.

Der Umstand, daß die Familie Morizot anfangs nach französischer Weise gekleidet ging, zog ihr mehrfach Unannehmlichkeiten zu, weil zu damaliger Zeit die Engländer im allgemeinen den Franzosen feindlich gesinnt waren. So wurde eines Tages Frau Morizot auf der Straße von einer englischen Dame mit Schimpfreden überschüttet, so daß sie ganz erschrocken nach Hause zurückkehrte und sich bei ihrer Schwägerin bitter beklagte. Auch der junge Morizot hatte allerlei Unannehmlichkeiten erfahren. Er erzählte, man habe ihn am Zopf gezogen, ihn „french dog" genannt und ihm ins Gesicht gelacht. Als sie sich auf den Rat der Frau Jacob von da an auf englische Art kleideten, blieben sie fortan unbehelligt.

Damit er rasch die englische Sprache erlerne, brachte Herr Morizot seinen Sohn zu einem Prediger auf dem Land. Inzwischen war der Laden eröffnet worden und hatte bald ziemlichen Absatz. Allein weder Herr noch Frau Morizot fanden dabei Befriedigung; denn, da sie beide der englischen Sprache unkundig waren, so mußten sie in allem die Verkäuferin gewähren lassen. Dieser ging die Lebhaftigkeit und Gewandtheit der Französinnen gänzlich ab.

Als Franzose war Herr Morizot an täglichen Genuß von Wein gewöhnt. Der allzu großen Kosten wegen mußte er jedoch dieser Gewohnheit entsagen und seinen Durst mit Bier zu stillen suchen. Er trank ziemlich viel davon, so daß er anfing, dick und träge zu werden. Seine Frau befürchtete, er könne dadurch einen Schlaganfall erleiden und stellte ihn deshalb zur Rede.

„Ich gebe zu", sagte Herr Morizot, „daß die Lebensweise, zu der ich mich hier genötigt sehe, meinen früheren Gewohnheiten wenig entspricht. Ich war gewöhnt, bei jeder Mahlzeit ein Glas Wein zu trinken. Ich hatte ein Geschäft, das mir zu tun gab, einen Garten, der mich erfreute, und Freunde, bei denen ich mich erholen konnte. Das alles habe ich hier nicht. Aber ich habe deinen Bruder, dem ich großen Dank schuldig bin. Allein er ist der einzige und kann nicht immer bei mir sein; denn er hat auch seine Geschäfte, die er besorgen muß.

Allein auszugehen, darf ich nicht wagen; denn ich muß befürchten, man möchte mich anreden und dann als Franzosen erkennen. Nichtsdestoweniger bin ich zufrieden. Ich lebe in Ruhe und genieße Gewissensfreiheit. Ich möchte wünschen, dich ebenso zufrieden zu sehen; denn auf mein Wort als ehrlicher Mann, ich bereue es keinen Augenblick, Metz verlassen zu haben."

„Ich ebenso wenig in Anbetracht dessen, was wir dort zu erleiden hatten", sagte seine Frau. Morizot antwortete: „Ich gestehe, daß ich vorgezogen hätte, in die Schweiz oder nach Deutschland zu gehen. Verstände ich englisch, so würde ich hier viele Annehmlichkeiten genießen und könnte nirgends besser sein. Zum Unglück aber bin ich schon zu alt, um es noch zu erlernen. Deutsch würde ich wohl viel leichter lernen, da ich schon eine schwache Ahnung davon habe. Mindestens benötige ich dann keinen Dolmetscher, da du etwas Deutsch verstehst und auch unser Sohn. Aber nur Geduld, unsere Kinder sind noch jung. Sie werden bald englisch können. Dann stellen wir unseren Sohn in den Laden und entlassen die Verkäuferin; denn ich bemerke, daß sie dir zur Last ist."

„Sie würde es nicht sein, wenn sie etwas rühriger wäre", erwiderte seine Frau. „Aber sie kargt mit den Worten, daß man glauben sollte, sie kosteten sie Geld. In einem Geschäft muß man sprechen. Die Waren sagen nichts. Wenn ich nun spreche, sieht man mich groß an, und manche spotten über mich. Offen gestanden, London hat mir vom ersten Augenblick an mißfallen. Die hiesige Art, zu leben, ist allzusehr verschieden von meiner früheren. Ich kann mich hier nicht eingewöhnen und wünsche, noch vor dem Winter von hier fortzukommen."

„Ist es aber möglich, daß du immer wieder auf dieselbe Sache zurückkommst? Gibt es denn kein Mittel, dich zu befriedigen?" gab Morizot zu bedenken.

„Nein, solange wir in England leben, gibt es keines, und ich bin sehr ungücklich darüber, daß ich dich bestimmt habe, hierher zu gehen. Ich hätte dir gehorsam sein sollen. Aber noch ist nichts verloren. Wenn du zustimmst, beziehen wir mit dem Rest unserer Waren die Frankfurter Messe und gehen dann in die Schweiz", antwortete seine Frau.

„Sprich darüber mit deinem Bruder. Ich bin zu allem bereit,

wenn ich dich nur zufriedenstellen kann", beendete Morizot das Gespräch. Jean Jacob machte seiner Schwester alle nur möglichen Vorstellungen; aber er vermochte sie durch nichts von ihrem Entschluß abzubringen, England so bald wie möglich zu verlassen. Schließlich bat er sie nur noch, wenigstens nichts zu übereilen und mit der Ausführung ihres Vorhabens noch etwas zu warten.

Herr Morizot hatte einen Herrn Dumont in Pension genommen, der angab, Schweizer zu sein. Er hielt ihn für einen gewerbsmäßigen Spieler; denn manchmal brachte er einen ganzen Hut voll Gold und Silber nach Hause, ein anderes Mal entlieh er Geld von Herrn Morizot, gab es aber regelmäßig nach einigen Tagen zurück. Er war ein hübscher junger Mann, zwischen zwanzig und dreißig Jahre alt und von munterer und lebhafter Gemütsart.

Eines Tages erzählte Herr Dumont, er kenne einen französischen Offizier, der gern in England Dienste nehmen möchte und ihn gebeten habe, ihm dazu behilflich zu sein. Da aber französische Offiziere nicht in die englische Armee aufgenommen würden, so müsse sich der Franzose entschließen, in Amerika zu dienen, für welchen Fall ihm eine Leutnantsstelle versprochen sei. Der Franzose sei verheiratet, und zwar mit einer jungen Brabanterin, der einzigen Tochter einer angesehenen Familie, die er mit Hilfe seines Dieners entführt habe. Die junge Frau könne sich nun nicht entschließen, ihrem Gatten nach Amerika zu folgen und habe sich auf seinen Rat an ihre Eltern gewandt und versucht, deren Verzeihung zu erlangen, sie sei aber abgewiesen worden. Darüber sei sie nun untröstlich, und, da im ganzen Hause sich niemand befinde, der französisch spreche, so bat Herr Dumont deshalb Frau Morizot, mit ihm zu der jungen Frau zu gehen, um sie zu beruhigen und ihr zuzureden, daß sie sich entschließe, mit ihrem Mann nach Amerika zu gehen. Dies geschah, und Frau Morizot gelang es durch freundliches Zureden, die junge Frau, welche der Verzweiflung nahe war, zu beruhigen und sie zu bestimmen, ihrem Gatten zu folgen. Herr Dumont verschaffte dem jungen Franzosen die Leutnantsstelle. Wenige Tage darauf fuhr das junge Paar zu dem Ort seiner Bestimmung ab.

Die Vorbereitungen zur Abreise der Familie Morizot wurden nunmehr ernsthaft betrieben, und Herr Jean Jacob war in jeder Weise dabei behilflich. Nachdem man erfahren hatte, daß in ungefähr drei Wochen ein holländisches Schiff nach Rotterdam abgehen würde, wurde zunächst die Verkäuferin entlassen, dann das Dienstmädchen. Den Fabrikanten wurden diejenigen Waren zurückgegeben, die man nicht angeschnitten hatte, und alle Rechnungen beglichen. Der Laden wurde geschlossen, der Rest der Waren verpackt und zu dem Schiff befördert, mit dem man reisen wollte. Auch wurden sämtliche Möbel veräußert unter der Bedingung, sie bis zur Abreise benutzen zu dürfen. Da der holländische Schiffskapitän seine Ladung noch nicht ganz beisammen hatte, mußte die Abreise verschoben werden, obwohl der hierzu festgesetzte Zeitpunkt schon überschritten war.

Da klopfte es eines Morgens an Herrn Morizots Türe. Er glaubte schon, es sei ein Bote des Kapitäns, der ihn auffordern sollte, mit seiner Familie an Bord zu kommen. Dem war aber nicht so. Der Einlaß begehrende war Constans, der Diener des oben erwähnten, nunmehr auf dem Wege nach Amerika sich befindenden Franzosen.

„Ich bin ein armer Teufel von Franzose", sagte Constans, „der in Verzweiflung ist, weil er seinen Herrn verloren hat, und der, weil er kein Wort englisch versteht, hier zum Gespött aller Welt wird. Ich besitze keine vier Sous, daß ich mir einen Strick kaufen kann, um mich daran aufzuhängen. Ich wage nicht, mich der Themse zu nähern, um mich hineinzustürzen; denn alle Wege dorthin sind voll von Schiffsleuten, die sich lustig über mich machen. Unser Pfarrer, dem ich mein Leid klagte, hat mir zwei Sous gegeben, die ich für Essen verbrauchte. Es blieb mir nichts übrig, um übernachten zu können, so daß ich die letzte Nacht vor ihrer Türe schlief. Seit 24 Stunden habe ich nichts gegessen. Mein Herr ist vor drei Tagen abgereist und und hat mir sechs Sous gegeben. Es war sein letztes Geld. Ich wollte es nicht annehmen, aber er zwang mich dazu. Er küßte mich armen Jungen und weinte dabei wie ein Kind."

„Wir sind im Begriff, abzureisen", antwortete Herr Morizot, „unsere Magd hat uns verlassen. Wenn Sie diese ersetzen und uns dienen wollen, können Sie bis zur Abreise bei uns bleiben. Ich werde Sie dann meinem Schwager empfehlen, der mit vielen Standespersonen bekannt ist und Sie vielleicht unterbringen kann."

„Ach, mein lieber Herr, der Himmel schickt Sie zu meiner Errettung. Ich werde Ihr Diener, Ihre Magd, Ihre Köchin sein und werde tun, was in meinen Kräften steht, um Sie zufriedenzustellen", antwortete der Mann.

„Gut, wir sind einig. Vor allen Dingen aber kommen Sie mit, damit Sie frühstücken", sagte Morizot.

Inzwischen kam Herr Jean Jacob, um zu melden, daß das Schiff in etwa acht Tagen abfahren würde. Für Constans wolle er sorgen, empfahl ihm aber, vor allen Dingen englisch zu lernen.

Wiederum waren acht Tage vergangen, als der Kapitän endlich sagen ließ, man möge sich an Bord begeben, er werde die Anker lichten, sobald der Wind günstig sei. Daraufhin begab sich die Familie Morizot sofort zu Herrn Jean Jacob, um von dessen Frau und Kindern unter heißen Dankesbezeugungen Abschied zu nehmen, und ging dann in dessen Begleitung zur Themse, um das Boot zu besteigen, das sie zu dem holländischen Schiff bringen sollte. Constans war mit dem Gepäck vorausgeschickt worden und erwartete sie dort. Der arme Junge war untröstlich und vermochte vor Rührung kein Wort zu sprechen.

Nachdem Herr Jean Jacob unter Tränen Abschied genommen und das Schiff verlassen hatte, wurden die Anker gelichtet. Als das Schiff die offene See erreicht hatte, trat stürmisches Wetter ein. Dieser Umstand war um so bedenklicher, weil der Kapitän aus Habgier sein Schiff allzu schwer beladen hatte und deshalb nicht mehr Herr darüber war. Dies machte sich in höchst unliebsamer Weise bemerkbar, als mitten in der Nacht das Paketboot, ein schnell segelndes Fahrzeug erschien, die üblichen Zeichen zum Ausweichen gab und diesem Befehle teils des Sturmes, teils der allzu schweren Belastung des Schiffes wegen nicht rasch genug entsprochen werden konnte. Das Paketboot schoß wie ein Blitz vorüber und versetzte dabei dem anderen Schiff einen so gewaltigen Stoß, daß letzteres ein großes Leck erhielt und sich das Wasser in Strömen in den Schiffsraum ergoß. Um das Schiff über Was-

ser zu halten, mußte nun die ganze Bemannung einschließlich der Reisenden an die Pumpen, und, um an das Leck zu gelangen und es verstopfen zu können, mußte erst ein Teil der Schiffsladung umgeladen werden. Die Gefahr war groß, und es wurde Tag, ehe sie gänzlich beseitigt werden konnte.

Nach der Ankunft in Rotterdam ließ Herr Morizot seine mitgebrachten englischen Waren zunächst im Zollhaus niederlegen. Dann fuhr er auf einem der holländischen Kanäle nach Delft, wo die Familie vorerst blieb, während er selbst in Begleitung seines Sohnes in Geschäften nach Amsterdam ging. Als dies erledigt war, holte er seine Angehörigen in Delft wieder ab und begab sich mit ihnen nach Rotterdam zurück. Dort ließ er seine Warenballen auf ein großes öffentliches Schiff bringen, mit dem er nach Nijmwegen fahren wollte. Auf Anraten des Wirtes hatte Frau Morizot etwas Weißbrot mitgenommen, weil er ihr gesagt hatte, sie werde auf dem ganzen Weg keines mehr bekommen. Des niederen Wasserstandes wegen ging die Wasserfahrt aufwärts der Waal sehr langsam vor sich. Schließlich blieb das Schiff auf einer Sandbank sitzen. Um es zu erleichtern, mußten die Reisenden aussteigen. Frau Morizot wollte diesen Umstand nutzen und zur Ergänzung ihres nahezu aufgebrauchten Vorrats in einem Dorf Weißbrot einkaufen. Der Bäcker sagte ihr aber, in seinem Dorf esse niemand Weißbrot und zeigte ihr Pumpernikkel. Als sie jedoch dieses schwarze, schwer verdauliche Brot verschmähte, schlug der Bäcker das Fenster zu und sagte, sie solle machen, daß sie weiterkomme, er würde ihr nun gar kein Brot verkaufen. Inzwischen war das Schiff wieder in das Fahrwasser zurückgebracht worden, die Reisenden stiegen wieder ein, und die Reise konnte fortgesetzt werden. Kurz vor Nijmwegen geriet das Schiff abermals auf eine Sandbank, auf welcher es sechs Stunden lang sitzen blieb. Der mitgenommene Mundvorrat war inzwischen gänzlich aufgezehrt worden, und unsere Reisenden mußten im Anblick der Stadt Nijmwegen Hunger leiden. Erst nachmittags gegen drei Uhr gelang es, das Schiff wieder flott zu machen, worauf es ohne weitere Hindernisse die Fahrt nach Nijmwegen fortsetzen konnte.

Nach ihrer Ankunft dort wollten unsere Reisenden in einem Gasthaus zu Mittag essen. Sie wurden jedoch abgewiesen unter dem Vorwand, daß die Mittagstafel längst vorüber, der Speisesaal gekehrt und gereinigt worden sei und die Kinder nur alles wieder schmutzig machen würden. Nachdem es ihnen in mehreren Gasthöfen ebenso ergangen war, waren sie schließlich froh, ihren Hunger in einer Garküche stillen zu können, wo sie freilich recht schlecht bedient wurden.

Die Reise ging nun zunächst nach Köln und von da bei prachtvollstem Wetter zu Schiff nach Mainz, wo Herr Morizot zu seinem Leidwesen erfahren mußte, daß die Frankfurter Messe schon seit acht Tagen zu Ende sei. Er beschloß, zunächst nach Frankfurt zu reisen und sich dort Rat zu holen, was er weiter beginnen sollte. Um die Wechsel zu präsentieren, welche er in London gekauft hatte, begab sich Herr Morizot gleich nach seiner Ankunft in Frankfurt zu dem Kaufmann Sarrazin und teilte ihm mit, daß seine Pläne durch die unvermutete Beendigung der Frankfurter Messe hinfällig geworden seien und bat ihn um seinen Rat. „Da ich fremd hier bin“, sagte Herr Morizot, „so weiß ich nicht, was ratsam für mich ist. In dem nahen Hanau aber habe ich Freunde, Herrn Marion, die Herren Jassoy und andere, die ich alle noch von Metz her kenne.“ Herr Sarrazin riet, den Winter in Hanau zu verbringen, im Frühjahr aber zunächst die Mainzer, dann die Frankfurter Messe zu besuchen. Vielleicht fände sich auch während des Winters Gelegenheit, in Hanau ein Geschäft zu gründen, und, wenn nicht, so könne er dann immer noch in die Schweiz gehen.

Herr Morizot befolgte diesen Rat, fuhr nach Hanau und stieg in der Vorstadt in den „Drei Hasen“ ab. Er ließ sich dann in Begleitung seiner Frau sogleich zu Herrn Marion führen, der sie äußerst freundschaftlich aufnahm und ihnen seine Dienste anbot. „Sie kommen gerade zur rechten Zeit“, sagte Herr Marion. „Der Kaufmann Busin wünscht schon seit einiger Zeit, sich von seinem Geschäft zurückzuziehen. Sie können ihm den Rest seiner Waren abkaufen, welche in Kaffee, Tee, Mandeln, Zucker und Rosinen bestehen, ihm den Laden und einen Teil des Hauses abmieten, ihre englischen Waren beifügen und hätten auf diese Weise einen hübschen Anfang. Ich werde sogleich die nötigen Erkundigungen einziehen und Ihnen dann Bericht erstatten.”

Als nunmehr Herr Morizot mit seiner Frau noch weitere Besuche bei Verwandten und früheren Bekannten abstattete und sich dabei überall nach den Verhältnissen in Hanau erkundigte, bekam er die verschiedensten Urteile zu hören. Die einen sagten, er täte gut daran, in Hanau zu bleiben, während andere meinten, es sei dort nicht viel zu unternehmen, die Stadt sei zu klein und zu wenig bevölkert. Herr Marion aber, dem man diese Bedenken mitteilte, sagte: „Lassen Sie sie reden. Sie sind hier und wollen den Winter über hier bleiben. Ob Sie nun eine Wohnung bezahlen in der Vorstadt oder in der Neustadt, das ist ein und dieselbe Sache. In dem Laden sind nicht mehr viel Waren, weil Herr Busin schon lange beabsichtigt sein Geschäft aufzugeben.

Seine Waren sind aber keiner Mode unterworfen und Sie haben den Vorteil, einen großen, schönen Laden zu bekommen, in dem Sie Ihre Waren gut auslegen können. In jedem Falle aber mieten Sie nur für sechs Monate."

Der Laden des Herrn Busin wurde nun gemietet und kurze Zeit darauf das neu gegründete Geschäft eröffnet. Frau Morizot hatte inzwischen an ihre Mutter geschrieben und derselben ihre seitherigen Erlebnisse und die Gründe mitgeteilt, welche sie veranlaßt hatten, London wieder zu verlassen. Frau Jacob empfing diese Nachricht mit großer Befriedigung und stellte in Aussicht, sich mit ihrer ältesten Tochter demnächst auch in Hanau ansiedeln zu wollen. Die jüngste Tochter hatte sich inzwischen mit Herrn Rason, dem ersten Beamten des Proviantamtes in Straßburg, verheiratet.

Während des Winters ging das Geschäft des Herrn Morizot ziemlich gut, und in dem darauffolgenden Frühjahr besuchte er erst die Mainzer, dann die Frankfurter Messe. Bald darauf teilte ihm sein Freund Marion mit, daß sich Gelegenheit zum Erwerb eines noch besseren Gechäfts gefunden habe, indem die Witwe des vor kurzem verstorbenen Herrn Raye Haus und Geschäft verkaufen wolle.

Herr Morizot ließ sich diese Gelegenheit nicht entgehen. Er erkaufte das Haus der Witwe Raye für die Summe von 3000 Gulden und übernahm das noch vorhandene, aus Spezereien bestehende Warenlager. Nachdem er so einen festen Wohnsitz mit einem gut gehenden Geschäft erworben und er nun nicht mehr nötig hatte, die Messen zu beziehen, lud er seine Schwiegermutter ein, nach Hanau zu kommen und ihre Tage bei ihm zu beschließen. Frau Jacob ging mit Freuden auf diesen Vorschlag ein und kam bald darauf mit ihrer ältesten Tochter nach Hanau, wo sie in dem neu erworbenen, geräumigen Haus ihren Wohnsitz nahm. Alle aber dankten Gott, daß er sie nunmehr wieder vereinigt hatte, und zwar in einem Land, wo sie unter dem Schutz eines großmütigen Fürsten sich voller Gewissensfreiheit erfreuen durften.

Leicht modernisierte Wiedergabe nach Jassoy, Wilhelm (Bearb.): Erlebnisse einer Hugenottenfamilie nach einem alten Manuskript. Kiel 1896. S. 35–52.

Anmerkungen:

1 Vgl. *Cuvier*, Othon (Hrsg.): La persécution de l'église de Metz décrite par le Sieur Jean Olry. 2. Ausg. Paris 1859. S. 107 ff.

2 *Jassoy*, Wilhelm (Bearb.): Erlebnisse einer Hugenottenfamilie nach einem alten Manuskript. Kiel 1896. S. 7. Vgl. auch *Dietsch*: Die evangelische Kirche von Metz. Wiesbaden 1888. S. 294–295.

3 Vgl. *Jassoy*, August (Bearb.): Unsere hugenottischen Vorfahren und anderes. Frankfurt am Main 1908. S. 92. Ihr Sterbedatum ist leider weder hier noch in der 1901 erschienenen Genealogie genannt.

4 Vg. *Jassoy*, August (Bearb.): a. a. O. S. 96: Die Trauung vom 7.9.1734 mußte nach römisch-katholischem Ritus stattfinden.

5 Vgl. *Jassoy*, August (Bearb.): a. a. O. S. 97.

6 Es handelt sich um das älteste Kind, geboren 1735. Vgl. Jassoy, August (Bearb.): a. a. O. S. 97.

7 Heute 67046 Bishwiller, Dep. Bas-Rhin.

8 Vermutlich die bei Prozessionen durch die Straßen geführte Monstranz mit der zur Verehrung ausgestellten Hostie.

9 Am 6.6.1686 wurde vom Metzer Parlament das königliche Edikt vom 7.5.1686 einregistriert und damit rechtskräftig. Es verschärfte die bereits früher erlassenen Strafen für auf der Flucht ertappte „Neubekehrte" noch wesentlich. Vgl. *Dietsch*: a. a. O. S. 278.

10 3. Mose 26,1.

Quellennachweis

Das Manuskript soll von Pfarrer Johannes Schmidt aus Sterbfritz Kirchenkreis Schlüchtern (Amtszeit 1838-1869) an die Bibliothek der „Société de l'histoire du protestantisme français" in Paris geschenkt worden sein:
Vgl. Jassoy. In: Genealogisches Handbuch bürgerlicher Familien. Berlin 1901, Bd 8, S. 262, Anm. 1.
Dort befindet es sich heute unter der Signatur Ms 138, konnte aber bisher nicht benutzt werden.

Die deutsche Übersetzung auf Grund einer unvollständigen Abschrift von Frau Roques-Jassoy veröffentlichte:
Jassoy, Wilhelm (Bearb.): Erlebnisse einer Hugenottenfamilie nach einem alten Manuskript. Kiel 1896. 54 S.

Die „sehr gekürzte" deutsche Übersetzung des genannten Pfarrers Schmidt wurde in der Familiengeschichte abgedruckt:
Jassoy, August (Bearb.): Unsere hugenottischen Vorfahren und anderes. Ein Beitrag zur Stammesgeschichte der Familie Jassoy. Nach Familienpapieren, Auszügen aus Kirchenbüchern, Notariatsakten und ähnlichen Dokumenten und unter Benützung der reichen Hugenottenliteratur zusammengestellt. Als Manuskript für die Familie gedruckt. Frankfurt am Main 1908. S. 91–102.

Um des Glaubens willen

Die Flucht des in Metz verurteilten Daniel Cuny aus Bar-le-Duc

Gegen Ende seines Lebens zeichnete Jean Jacques Cuny (1736–1817)[1] die Nachrichten über die Flucht seines Großvaters Daniel Cuny (1657–1713) und das Refuge von Mitgliedern der Metzer Familie Sechehaye[2] auf. Der erfolgreiche Kaufmann in der Grünseifenfabrik Cuny et Bonte zu Magdeburg widmete seine Niederschrift dem damals jüngsten Enkel Jean Jacques Cuny (1796–1843)[3], der später die Firma übernahm und wie der Memoirenschreiber zahlreiche kirchliche sowie weltliche Ehrenämter in seiner Vaterstadt bekleidete.

[Magdeburg], den 12. März 1804

Mein lieber Enkel!

Du bist der jüngste meiner Familie, der meinen Namen trägt. Wenn Dein Verstand gereift sein wird, werde ich vielleicht nicht mehr sein. Dann würdest Du, da seit jener Katastrophe, die unsere Familie nach dem Norden Deutschlands versetzt hat, einundeinviertel Jahrhundert vergingen, nichts weiter wissen, als daß Deine Väter französischer Abkunft waren und daß sie durch die Aufhebung des Ediktes von Nantes gezwungen wurden, ihr Vaterland zu verlassen.

Da während der Französischen Revolution im Jahre 1790 manche Familie aus demselben Land ausgewandert ist, so wäre es auch leicht möglich, daß Deine entfernteren Nachkommen über das Ereignis, welches unsere Familie nach Deutschland verpflanzt hat, im unklaren wären und nicht wüßten, ob die Revolution oder die Aufhebung des Ediktes von Nantes die Veranlassung war.

Obgleich für eine bürgerliche Familie keinerlei Vorteil daraus entspringt, daß sie über ihren Ursprung unterrichtet ist, so kann es ihr doch nicht unwichtig sein, bestimmte Aufzeichnungen über ihre Vorfahren zu besitzen und daraus die für sie wichtigen Ereignisse und ihre gesellschaftliche Stellung zu entnehmen.

Um dies zu ermöglichen, werde ich meine Mußestunden dazu verwenden, niederzuschreiben, was ich aus verschiedenen Papieren, die in meinen Händen sind, ausgezogen habe oder was mir mein teurer, verstorbener Vater davon erzählt hat.

den 13. März 1804

Aus der diesem Schreiben beigefügten Genealogie[4] wirst Du ersehen, daß Dein Vorfahre, geboren in Nettencourt bei Bar-le-Duc[5], aus der römisch-katholischen Kirche austrat und sich zum Calvinismus bekannte. Sein Sohn Daniel Cuny, in Bar-le-Duc als Kaufmann etabliert, gehörte derselben Religionsgemeinschaft an. Da er voraussah, daß er deshalb großen Verfolgungen ausgesetzt sein würde, die den Verlust seiner Freiheit und den gänzlichen Ruin seiner Familie zur Folge haben mußten, und da ihm sein Bekenntnis zu teuer war, als daß er es hätte abschwören können, so beschloß er, nach Frankfurt am Main zu reisen und dort seine und seiner Familie Flucht über diesen Ort vorzubereiten. Zu diesem Zweck reiste er mit einem Verwandten namens Pigner, den derselbe Beweggrund leitete, dahin ab. Sie begaben sich zu Pferd auf den Weg. Am dritten Reisetag beschlossen sie wegen des sehr schlechten Wetters, die Reise erst am folgenden Tag fortzusetzen. Aber dieser Verzug wurde für sie verhängnisvoll; denn es entstand bei den Leuten im Gasthaus der Verdacht, daß diese beiden Reisenden vielleicht Reformierte sein könnten, die ihr Vaterland zu verlassen beabsichtigten, was bei Galeerenstrafe und Einziehung des Vermögens, von dem ein Teil dem Denunzianten zufiel, verboten war. Dies bestimmte den Wirt, sie bei der Polizei anzuzeigen. Man ließ sie ruhig abreisen, aber kaum hatten sie eine Strecke Wegs zurückgelegt, als sie von der Polizei angehalten und als Reformierte verhaftet wurden. Man trennte sie augenblicklich, um sie zu verhören. In diesem Verhör sagten sie aus, daß ihr Vorhaben sei, nach Frankfurt am Main zu reisen, um dort die Hinterlassenschaft eines Verwandten in Empfang zu nehmen. Aber unglücklicherweise stimmte der Name des Verwandten in den beiden Aussagen nicht überein, was als hinreichender Beweis für ihre Schuld galt. Infolgedessen wurden sie nach Metz ins Parlamentsgefängnis gebracht.

den 14. März 1804

Der Gerichtshof in Metz leitete das Untersuchungsverfahren gegen die beiden Gefangenen ein, und es war nicht daran zu zweifeln, daß man sie für überführt erachten würde, sich durch die Flucht der Galeerenstrafe haben entziehen zu wollen.

In dieser äußersten Not kam die Mutter meines Großvaters Ester Julien, eine Frau von Geist und Mut, nach Metz und verlangte, persönlich und ohne Beistand vor Gericht zu erscheinen. Dort vertrat sie die Sache der beiden Gefangenen, bewies den Richtern, daß ihr Verfahren ungesetzlich sei; denn, da beide in Bar-le-Duc ansässig seien, so gehöre der Prozeß vor das Gericht ihres Wohnortes, und nur dieses könne einen gesetzmäßigen Urteilsspruch fällen.

Da sie außerdem mit guten Empfehlungen versehen war, so beschloß der Gerichtshof, die beiden Gefangenen unter sicherer Bedeckung nach Bar-le-Duc bringen zu lassen und sie dem dortigen Gericht zu überliefern. Dieses setzte den Prozeß auf Grund der Akten des Metzer Gerichtshofes fort und entschied nach sechs Monaten, daß Daniel Cuny der Absicht, sein Vaterland zu verlassen, für überführt zu erachten sei und deshalb nach dem Gesetz zu lebenslänglicher Galeerenstrafe verurteilt werde, daß ihm auch die Kleidung der Galeerensträflinge sofort angelegt werden solle. Dies letztere wurde sofort ausgeführt.

In ihrer Bestürzung setzte die trostlose Familie alles in Bewegung, um einen Aufschub der Urteilsvollstreckung zu erreichen. Das einzige Mittel, dies zu erlangen, war, den Intendanten der Provinz dafür zu gewinnen. Aber auf welchem Weg [sollte man] dahin gelangen? Die Reformierten, von allen Beamten gehaßt, hatten keine Hoffnung, angehört zu werden.

Ester Julien, diese bewundernswürdige Mutter, fand Mittel und Wege. Sie suchte die Maitresse des Intendanten auf und bot ihr eine ansehnliche Summe, wenn sie den Intendanten dazu bewegen würde, das Urteil hinauszuschieben.

Dies glückte, und der Vollzug des Urteils wurde auf ein Jahr ausgesetzt unter der Bedingung, daß Daniel Cuny täglich zu dem Geistlichen der Parochie ginge, um sich in den Lehren der katholischen Kirche unterrichten zu lassen. Wenn er nach dieser Zeit nicht dem calvinistischen Glauben abschwören wollte, so sollte das Urteil vollstreckt werden.

den 15. März 1804

Daniel Cuny, seiner Familie und seinen Geschäften zurückgegeben, unterzog sich pflichtgemäß der Vorschrift, täglich zu dem Geistlichen der Parochie zu gehen und sich in der katholischen Lehre unterrichten zu lassen. Aber nach einigen Unterrichtsstunden sagte ihm dieser Ehrenmann, von dem ich wünschte, daß man mir seinen Namen hinterlassen hätte: „Mein lieber Freund, ich würde aus Ihnen nur einen schlechten Proselyten machen. Sie sind zu gut unterrichtet in ihrer Religion, bleiben Sie darin. Aber nehmen Sie die Zeit wahr. Lassen Sie Ihre Familie nach dem Land der Freiheit ziehen, und, sobald Sie ihr folgen können, sagen Sie es mir. Ich werde Ihnen dann soviel Zeit lassen, daß Sie die Grenze überschreiten können. Wenn ich Sie in Sicherheit weiß, werde ich Sie bei dem Gericht anzeigen. Bis dahin aber kommen Sie regelmäßig jeden Tag zu mir; es soll zwischen uns nicht mehr von religiösen Dingen die Rede sein. Wir werden uns von anderen Sachen unterhalten."

Die Duldsamkeit dieses Geistlichen ist umso rühmenswürdiger, als in jener Zeit der Fanatismus seinen Höhepunkt erreicht hatte. L'ordre du jour (ein Ausdruck, der während der letzten Revolution unseres Vaterlandes erfunden wurde) war, alle Protestanten bis aufs äußerste zu verfolgen, um sie zu zwingen, in den Schoß der Kirche zurückzukehren. Anderweit[ig] gab es für sie keine Gnade.

Der Rat des würdigen Geistlichen wurde von meinem Großvater befolgt. Er traf seine Vorkehrungen. Ohne daß es jemand merkte, setzte er seine Waren in Geld um. Unter dem Vorwand, Verwandte innerhalb des Reichs besuchen zu wollen, reisten seine Mutter, seine Frau und drei Söhne nach Frankfurt am Main, während er nur seine Tochter, das älteste seiner Kinder, bei sich behielt. Um ihnen folgen und einen Teil seines Vermögens mit sich führen zu können, ließ er einen kleinen Koffer von Eisen anfertigen (der sich noch in meinem Besitz befindet und den Du einst erhalten wirst), der in der Achse des Wagens, den er sich hatte machen lassen, verborgen wurde.

Als alles vorbereitet und fertig war, ging er zu dem würdigen Geistlichen, um ihn von seiner bevorstehenden Abreise zu benachrichtigen und ihm zu sagen, wieviele Tage er brauche, um die Grenzen zu überschreiten.

Obgleich die Dienstboten des Hauses sämtlich Katholiken waren, so liebten sie doch ihren Herren. Allein zur größeren Sicherheit sagte ihnen der Flüchtige nur, daß er seine Familie von dem Verwandtenbesuch zurückholen wolle. Nachdem die Zeit verstrichen war, die Daniel Cuny nötig hatte, um die Grenze zu passieren, begab sich der Geistliche in dessen Haus. Als er dort nur die Dienstboten fand und die Sachen, die sich nicht hatten in Geld umsetzen lassen, zeigte er die Flucht bei der Behörde an, die sich sofort in das Haus begab, um alles, was sich noch vorfand, zu versiegeln. Sowohl dieses Haus mit allem, was darin war, als auch ein Meierhof, einige Meilen von Bar-le-Duc entfernt, wurden für den König beschlagnahmt.

Man kann nicht umhin, in diesen Ereignissen die Wege der Vorsehung zu erkennen; denn welches unermeßliche Glück war es für Daniel Cuny, den Händen eines duldsamen Geistlichen überantwortet zu sein, während es in jenen Zeiten hieß, den Himmel [zu] gewinnen, wenn man die Protestanten zwang, ihrem Glauben abzuschwören.

Daniel Cuny ging mit seiner Familie in die Schweiz, um in der Nähe seines Vaterlandes zu bleiben und ohne Zeitverlust in dasselbe zurückkehren zu können, sobald das Edikt von Nantes wieder Geltung gewonnen haben würde – eine Hoffnung, der sich alle Réfugiés hingaben.

Nachdem er zwei Jahre lang gewartet hatte, ohne daß sich diese Hoffnung erfüllte, und da die Schweiz von einer gar zu großen Anzahl Réfugiés überfüllt war, so daß befürchtet werden mußte, das Land würde für diesen Bewohnerzuwachs die nötigen Lebensmittel nicht mehr hervorbringen können, so faßte er den Entschluß, sich mit den Seinigen nach Berlin zu wenden.

Dort lebte er mehrere Jahre, immer einen Louis d'or nach dem anderen von seinem Schatze nehmend, ohne daß er sich entschließen konnte, etwas zu unternehmen, um frei zu bleiben und jederzeit wieder in sein Vaterland zurückkehren zu können, da er noch immer an der Hoffnung festhielt, die Réfugiés würden zurückgerufen werden. Er war davon so durchdrungen, daß er das Anerbieten des Königs Friedrichs I.[6], ihm eine in der Großen Straße zu Berlin gelegene Brauerei zu verkaufen, ablehnte. Wenn er fortfuhr, so zu leben, ohne etwas zu unternehmen, so würde sich sein Vermögen ohne Zweifel erschöpft haben.

Glücklicherweise überredete ihn ein Verwandter, der ein Amtsgut des Markgrafen von Schwedt gepachtet hatte, dasselbe zu tun. Anfangs wollte er sich nicht dazu entschließen, da er der deutschen Sprache nicht mächtig sei und deshalb nichts mit Erfolg unternehmen könne. Derselbe Verwandte half aber diesem Übelstande ab, indem er ihm einen jungen Mann namens Parguet verschaffte, der beide Sprachen verstand und ihm als Dolmetscher dienen konnte. Dieser bewog ihn, das Amtsgut Wildenbruch, einige Meilen von Schwedt [entfernt], zu pachten. Er lebte dort sechs bis acht Jahre und hatte das Glück, sein Vermögen wieder auf 10.000 Reichstaler und etwas darüber zu bringen. Des Landlebens überdrüssig, zog er sich nach Berlin zurück, kaufte dort ein Haus im neuen Stadtteil und lebte von seinen Renten. Da zu jener Zeit alles so billig war, daß es den vierten Teil des heutigen Preises kostete, so konnte er mit sechs Prozent Zinsen seines Kapitals anständig auskommen. Dort beschloß er sein Leben mit seiner Frau.

den 18. März 1804

Dein Urgroßvater Jacques Cuny verlor seinen Vater in früher Jugend und wurde von seiner Mutter in eines der ersten Handelshäuser Berlins, die Firma Labes & Demissy, in die Lehre gegeben. Während dieser Lehrzeit verlor er seine Mutter.

Nachdem er seine Lehrzeit aufs beste benutzt und beendet hatte, beschloß er als tüchtiger Kaufmann, in eine Hafenstadt zu gehen, um seine Kenntnisse zu mehren und Vermögen zu erwerben. Aber die Vorsehung hatte es anders beschlossen. Ein Onkel von ihm mütterlicherseits namens Cark, der in Magdeburg etabliert war, schrieb ihm: Er möge zu ihm kommen, er würde ihm ein gutes Geschäft verschaffen. Er folgte dem Rat seines Onkels, ging zu ihm und wurde von ihm zu der Witwe von Jean Girost geführt, die ein Geschäft von Seiden- und Wollstoffen besaß und mit drei Kommis führte. Sie hatte sechs Kinder, vier Töchter und zwei Söhne. Die älteste der Töchter, achtzehn Jahre alt und ebenso liebenswürdig wie geistreich, wurde ihm zugleich mit dem Geschäft zur Heirat angeboten. Dies war für einen jungen Mann von zweiundzwanzig Jahren sehr verlockend. Dennoch wünschte er, ehe er sich verpflichtete, den Stand des Geschäfts zu prüfen, worauf sein Onkel ihm versicherte, daß dies unnötig sei, daß sich das Haus in glänzenden Verhältnissen befände. Für einen Jüngling genügte das. Er war mit allem einverstanden, und nach einigen Monaten heiratete er Marie Girost. Nachdem er in das Haus eingetreten war, sah er, daß dasselbe kaum zahlungsfähig war. Da er sich an dem Geschäft noch nicht beteiligt hatte, erklärte er seiner Frau, daß er das auch nicht tun könne und sich selbstständig etablieren werde. Diese sah voraus, daß das den Ruin der ganzen Familie herbeiführen würde, und drang in ihn, sich an dem Geschäft zu beteiligen in der Annahme, daß, wenn er sein Vermögen dazu gäbe, sich das Geschäft halten könne.

Unglücklicherweise ging er darauf ein. Trotz aller Mühe und Arbeit konnte er diese Familie und die Seinigen nur dadurch retten, daß er sein ganzes Vermögen zur vollen Befriedigung der Gläubigen hergab, wie ich es Dir in der Folge erzählen werde.

Obgleich seine Frau die Ursache seines Unglücks war, liebte er sie doch sehr. Das beweisen mir von ihm selbst geschriebene Aufzeichnungen, als er das Unglück hatte, sie zu verlieren. Aus dieser Ehe sind vier Söhne – namens Jacques, Daniel, David, Pierre – und eine Tochter Jeannette hervorgegangen.

den 19. März 1804

Da ich nicht aus dieser Ehe stamme, sondern aus einer zweiten, die Dein Urgroßvater einging mit der Witwe von Abraham Bonte – Marie, geborene Sechehaye, geboren zu Metz – ist es nötig, Dich Deine Vorfahren mütterlicherseits kennen zu lehren und [Dir] zu sagen, wie Deine Urgroßmutter in dieses Land gekommen ist:

Als die Verfolgung der Protestanten am stärksten war, verließ der Vater Deiner Urgroßmutter als Knabe mit zwei Brüdern das väterliche Haus und begab sich nach Berlin. Da sie nur den Handel erlernt hatten und der deutschen Sprache nicht mächtig waren, konnten sie dort keinen Gebrauch von ihren Fähigkeiten machen. Da es nun fortgesetzt vielen jungen Leuten ähnlich ging, die für den Augenblick nichts unternehmen konnten und die man doch im Land zu behalten wünschte, schuf König Friedrich teils wegen seiner Prachtliebe, teils um dieser Jugend Beschäftigung zu bieten, zwei Kompagnien Musquetaires nach Art derjenigen, die Ludwig XIV. unterhielt[7]. Diese Musquetaires hatten den Rang und das Gehalt eines Lieutenants und verfügten zu zweien über einen Diener. Die drei Brüder traten in dieses Corps ein. Da ihr Vater und ihre Mutter gestorben waren und die Verfolgung in Frankreich nachließ, kehrte der älteste nach Metz zurück, um das Geschäft des Vaters zu übernehmen, und verheiratete sich dort. Die beiden jüngeren Brüder blieben im Dienst bis zur Thronbesteigung Friedrich Wilhelms, welcher die großen Musquetaires unter Fortzahlung des Gehalts entließ.

Der jüngste der beiden Brüder Gedéon wurde nach Magdeburg versetzt, um als Lieutenant den Garnisonsdienst zu lernen. Das war aber nur dem Namen nach so. In Wirklichkeit hatte er nichts zu tun. So wandte er seine Zeit dazu an, den Umgang in guten Familien zu pflegen, da er von gutem Ton und Anstand war. Unter diesen Familien befand diejenige des Herrn Maret, in der er gern gesehen war. Dieser starb in vorgerücktem Alter und hinterließ eine Witwe ohne Kinder. Gedéon Sechehaye, der fünfzig Jahre alt sein mochte, hielt um sie an, bekam ihr Jawort, verließ den Dienst und führte die Geschäfte seiner Frau.

Nachdem diese Ehe durch den Tod seiner Frau gelöst war, bat er seinen ältesten, in Metz etablierten Bruder, ihm seine ältesten Töchter zu schicken, sein Vermögen umzusetzen und dann selbst nachzukommen, um sich mit dem Rest seiner Familie mit ihm zu vereinigen. Infolgedessen wurden Deine Urgroßmutter und ihre Schwester nach Magdeburg geschickt – sie selbst fünfzehn Jahre alt, die Schwester viel jünger. Ehe der Urgroßvater seinen Plan ausführen konnte, wurden er und ebenso seine Frau krank, und beide starben in [der] Zeit von vierzehn Tagen unter Hinterlassung noch zweier Töchter und eines Sohnes. Das Parlament in Metz ließ die beiden Töchter, die in Magdeburg waren, auffordern, nach Frankreich zurückzukehren. Aber ihr Onkel widersetzte sich dem und schrieb an das Parlament, daß er für seine Nichten auf deren Erbschaft verzichte und daß dieselben dafür seine Erbinnen sein würden.

Von den drei jüngsten in frühem Alter in Metz gebliebenen Kindern starb der Sohn, ehe er das Alter der Mündigkeit erreicht hatte. Die beiden Töchter wurden in der römisch-katholischen Kirche erzogen. Eine wurde Nonne und lebte noch im Jahre 1758; die andere heiratete einen Hauptmann namens Hennequin.

Anmerkungen:

1 Umfangreiche Angaben über seine Tätigkeit bietet *Tollin*, Henri: Vom Nutzen des Refuge insbesondere in Magdeburg. Magdeburg 1893. = *Tollin*: Geschichte der französischen Colonie von Magdeburg. Bd 3. Abt. I. B.

2 Nicht behandelt bei *Béringuier*, Richard (Hrsg.): Die Stammbäume der Mitglieder der französischen Colonie in Berlin. Berlin 1887. = Schriften des Vereins für die Geschichte Berlins. 3.
Vgl. *Dreusicke*, Hugo: Die französischen Gemeinden in Kassel 1687–1867. Frankfurt a. M. 1962. S. 404. = Deutsche Ortssippenbücher. Bd 27.

3 Die Lebensdaten sind der Genealogie, die der Abschrift – vgl. Quellennachweis – beigefügt ist, entnommen.

4 Die erwähnte Genealogie ist nicht mehr erhalten. Statt dessen bieten wir einen Auszug aus der Nachfahrentafel des Samuel Cuny nach *Béringuier*: a. a. O. S. 14:

Samuel Cuny,
* Nettencourt en Champ. c. 1610, Kaufm., † in Bar le Duc c. 1685.
f. Esther Julien, † 27. 5. 1692.

Daniel, * Bar le Duc 5. 5. 1657, † 16. 7. 1713.
f. Susanne Thieriot, * Nettencourt, † 1719.

Jacques, * 23. 2. 1699, † in Magdeburg 7. 9. 1769.
1. *f.* Marie Girost.
2. *f.* Marie Sechehaye, * Metz 10. 6 1696.

Pierre, * Magdeburg 4. 12. 1732, Kaufm.
f. Judith Jullien.

Frédéric, * Magdeburg 26. 6. 1777, Kaufm. u. ancien.
f. Krüger.

Jean Robert, * Magdeburg 8. 8. 1824, Mechaniker, aufgen. 28. 1. 1856.
f. Ringel.

Edouard Richard, * 24. 10. 1855.
Robert Fréd. Adolphe, * 22. 8. 1862.
Susanne Cécile, * 27. 11. 1862.
Jean Robert, * 14. 1. 1865.
Maximilian Henri Eugène, * 11. 4. 1868.

Jean Jacques, * Magdeburg 8. 8. 1736, † 11. 6. 1817 Magdeb.
f. Marg. Duzal, * Magdeburg 1746, † 1814 Magdeb.

Jacques Christophe, * Magdeburg 21. 12. 1779, † 6. 12. 1848 zu Thiergarten (Kr. Cleve), wurde 15. 10. 1840 als Reg.-Präsident zu Aachen geadelt.[1])
f. Schneider.

Ludwig Jacob, * Düsseldorf 14. 6. 1833, Geh. Justizrath, Dr. jur., Prof. der Rechte.

[1]) Wappen wie Siebmacher IV. S. 40 unter goldenem Schildeshaupt mit schwarzem Doppeladler, drei Hüfthörner untereinander in Roth.

5 Das ehemals selbstständige Herzogtum Bar (Le Barrois), das als Teil Oberlothringens bereits im Mittelalter die Oberlehenshoheit Frankreichs hatte anerkennen müssen, aber erst nach einer verwickelten Erbfolge 1766 definitiv an Frankreich fiel, bestand aus zwei Hauptteilen: Barrois ducal ou non mouvant (Allod) und Barrois roal ou mouvant (Lehen). Der letztere Teil zerfiel in zwei Ämter, von denen eines Bar-le-Duc bildete, heutige Hauptstadt des Maasdepartements.

6 Kurfürst Friedrich III. von Brandenburg (1688–1713) regierte seit dem 18.1.1701 als König Friedrich I. in Preußen.

7 Vgl. *Krum*, Horsta: Preußens Adoptivkinder. Die Hugenotten. 300 Jahre Edikt von Potsdam. Unter Verwendung von „Mémoires pour servir à l'histoire des réfugiés françois dans les états du roi" von J. P. Erman und F. Reclam 1782–1799. Berlin 1985. S. 155–158. Demnach stellte nicht König Friedrich I., sondern sein Vater Friedrich Wilhelm der Große Kurfürst (1640–1688) kurz vor seinem Tod zwei Kompanien von Musketieren auf.

Quellennachweis:

Das französische Originalmanuskript ist verschollen. Der vorliegende Text beruht auf einer deutschen Übersetzung des 19. Jahrhunderts, die uns aus Familienbesitz freundlicherweise zur Verfügung gestellt worden ist.

Ein Auszug (?) der französischen Aufzeichnungen soll erschienen sein bei: *Hérelle*, Georges: Le protestantisme à Vitry (1596-1789). In: [Mémoires de la] société des sciences et arts de Vitry-le-François. 1904, Bd 22, Vitry 1904, S. 3–331; 1904/1905, Bd 24, Vitry 1906, S. 421–699; 1907, Bd 26, Vitry 1910, S. 1–537. Der dritte Teil – documentes inédits sur le protestantisme à Vitry-le-François – soll den erwähnten Auszug enthalten. Leider konnte die genannte Zeitschrift bisher nicht eingesehen werden.

Betr: Hugenottenfamilie Cuny. In: Montagsblatt. Wissenschaftliche Beilage der Magdeburgischen Zeitung. 20.11.1911, Nr 47.
Der Artikel konnte bisher nicht benutzt werden, weil diese Ausgabe in Bibliotheken der Bundesrepublik nicht vorhanden ist.

Steinbock, Hermann: Um des Glaubens willen. Die Flucht der Familie Cuny aus Bar-le-Duc, ein Beitrag zur Geschichte der Hugenotten. In: Ekkehard. Mitteilungsblatt deutscher genealogischer Abende. Halle a. d. S. 20.6.1940, 16. Jg., Nr 2 (Mai-August), S. 131–132.
Es handelt sich um die mit einer knappen Einleitung und einem Nachwort versehene deutsche Übersetzung des bei Hérelle abgedruckten Dokuments.

Die Magdeburger Cunys werden im Kapitel „Die Koloniesippen" knapp vorgestellt von *Fischer*, Johannes: Die französische Kolonie zu Magdeburg. Magdeburg 1942. S. 155–157. = Magdeburger Kultur- und Wirtschaftsleben. Nr 22.

Quellen- und Literatur-Hinweise

Bulletin de la société de l'histoire du protestantisme français. Paris. 1852 ff.
Die Benutzung wird erleichtert durch das detaillierte Registerwerk:
Table alphabétique, analytique et chronologique des noms de personnes et de lieux ainsi que des principales matières.
[Bd 1]: 1852–1902, A–G. Paris 1927.
[Bd 2]: 1852–1902, H–O. Paris 1929.
[Bd 3]: 1852–1902, P–Z. Paris 1931.
Bd 4: 1903–1927, Teil 1: A–C. Paris 1941.
Teil 2: D–Z. Paris 1969.
Bd 5: 1928–1940, A–Z. Paris 1973.
Bd 6: 1941–1965, A–Z. Paris 1979.

Rechts-Urkunden zur Geschichte der Hugenotten. Das Edikt von Nantes. Das Edikt von Fontainebleau. Deutsche ungekürzte Ausgabe. Vorwort Ernst *Mengin*. Flensburg 1963. (Bezug nur über die Geschäftsstelle des Deutschen Hugenotten-Vereins, Postfach 35, 3305 Sickte.)

[*Benoît*, Elie]: Histoire de l'édit de Nantes [...] jusques à l'édit de révocation en octobre 1685. 3 Bde in 5 Teilen. Delft 1693–1695.

Haag, Eugéne und Emile: La France protestante ou vies des protestants français qui se sont faits un nom dans l'histoire. 10 Bde. Paris 1846–1859. Nachdruck: Genf 1966. 2. Aufl. Hrsg. Henri *Bordier*. [Erschienen sind nur die Bde 1–6]. Paris 1877–1888. Das biographische Lexikon bietet im Bd 10 eine Sammlung wichtiger Hugenottenedikte.

Poirier, F. J.: Metz. Documents généalogiques. Armée, noblesse, magistrature, haute bourgeoisie d'après les registres de paroisses 1561–1792. Paris 1899.

Poirier, F. J.: Metz et pays Messin. Documents généalogiques d'après les actes des amans 1556–1728 et d'après les registres des paroisses rurales 1600–1792. Metz 1930.

Moll, Friedrich: Adel und Hugenotten der Stadt Metz. In: Der deutsche Hugenott. Oktober 1938, [10. Jg.], Nr 3. S. 42–45.
Die beiden vorstehenden Bände von Poirier werden nur oberflächlich benutzt.

Thorelle, A.: Extrait et estat général des habitants de la ville de Metz qui font profession de la religion prétendue reformée. In: Jahrbuch der Gesellschaft für lothringische Geschichte und Altertumskunde. 1891, 3. Jg., S. 345–386.
Das Manuskript des Jahres 1684 enthält die reformierten Familien in Metz, und zwar geordnet nach den katholischen Kirchsprengeln und den dazugehörigen Straßen.

Humbert, Gustav: Eine wichtige Urkunde über die alte reformierte Gemeinde zu Metz aus dem Jahre 1684. In: Die französische Colonie. [Oktober] 1902, [16. Jg.], Nr 10, S. 90–92.
Hinweis auf Thorelles Quellenedition und die darin enthaltenen Träger des Namens Humbert.

Béringuier, Richard: Metzer Réfugiés in Berlin. In: Jahrbuch der Gesellschaft für lothringische Geschichte und Altertumskunde. 1888/1889, 1. Jg., S. 109–132.

Bopp, Marie-Joseph: Die evangelischen Geistlichen und Theologen in Elsaß und Lothringen von der Reformation bis zur Gegenwart. Neustadt a. d. A. 1959. = Genealogie und Landesgeschichte. Bd 1.

Worms, Justin: Histoire de la ville de Metz depuis l'établissement de la république jusqu'à la révolution française. Metz 1849.

Westphal: Geschichte der Stadt Metz. 1. Teil: Bis zum Jahre 1552. Metz 1875; 2. Teil: Bis zum Jahre 1804. Metz 1876; 3. Teil: Bis zum Frankfurter Frieden 1871. Metz 1878.

Michel, Emmanuel: Histoire du parlement de Metz. Paris 1854.

Michel, Emmanuel: Biographie du parlement de Metz. Metz 1853.

Thirion, Maurice: Etude sur l'histoire du protestantisme à Metz et dans le pays Messin. Nancy 1884. = Thèse der faculté des lettres Paris.

Dietsch, Johann Friedrich: Die evangelische Kirche von Metz. Entstehung, Verfolgung, Untergang und Auferstehen. Mit einem einleitenden Teile über die staatlichen und kirchlichen Zustände in Metz unmittelbar vor der Reformationszeit. Nach den Quellen dargestellt. Wiesbaden 1888; 2. Aufl. Metz 1910.

Schultz, Eduard: Aus der Geschichte der evangelischen Kirche von Metz zur Zeit der Aufhebung des Edikts von Nantes: Die vier letzten Pfarrer der alten Kirche, ein biographisches Gruppenbild. Metz 1900. = Wissenschaftliche Beilage zum Jahresbericht der Oberrealschule zu Metz für das Schuljahr 1899–1900. Programm-Nr 564.

Tollin, Henri / *Dietsch*, Johann Friedrich: Geschichte der Hugenotten von Metz. Magdeburg 1900. = Geschichtsblätter des Deutschen Hugenotten-Vereins. 10. Zehnt. H. 1/2.

Michaelis, Otto: Aus der Geschichte der Metzer evangelischen Gemeinde. Metz 1906; 2. Aufl. 1911. = Volksschriften für das evangelische Lothringen. H. 1. Unveränderte Übernahme der 2. Aufl. Magdeburg 1914. = Geschichtsblätter des Deutschen Hugenotten-Vereins. Bd 14. H. 3.

Michaelis, Otto: Metz, ein altes Bollwerk des Protestantismus. Essen 1941.

Mazauric, Roger: Le protestantisme en pays Messin. Metz 1950. = Mes amis mosellans. Nr 3.
Die deutsche Übersetzung erschien unter dem Titel: Der Protestantismus im Metzer Land. Braunschweig 1971. = Geschichtsblätter des Deutschen Hugenotten-Vereins. 16. Zehnt. H. 6/8.

Ungerer, Edmund: Eine Kirche der Wüste in Lothringen. Erinnerungsblätter aus Courcelles-Chaussy. Straßburg i. E. 1900.
Anzeige in: Die französische Colonie. Berlin. [September] 1900, 14. Jg., Nr 9, S. 154.

Ungerer, Edmund: Eine Kirche der Wüste in Lothringen. Erinnerungsblätter aus Courcelles-Chaussy. In: Die französische Colonie. Berlin. [April] 1901, 15. Jg., Nr 4, S. 49–54; [Juni] 1901, 15. Jg., Nr 6, S. 87–93.
Nachtrag zum oben genannten Werk des Verfassers.

Hoffet, Fritz: Kaiser-Kurzel. Bilder aus der Geschichte der alten Hugenottengemeinde. Metz 1907. = Volksschriften für das evangelische Lothringen. H. 2.

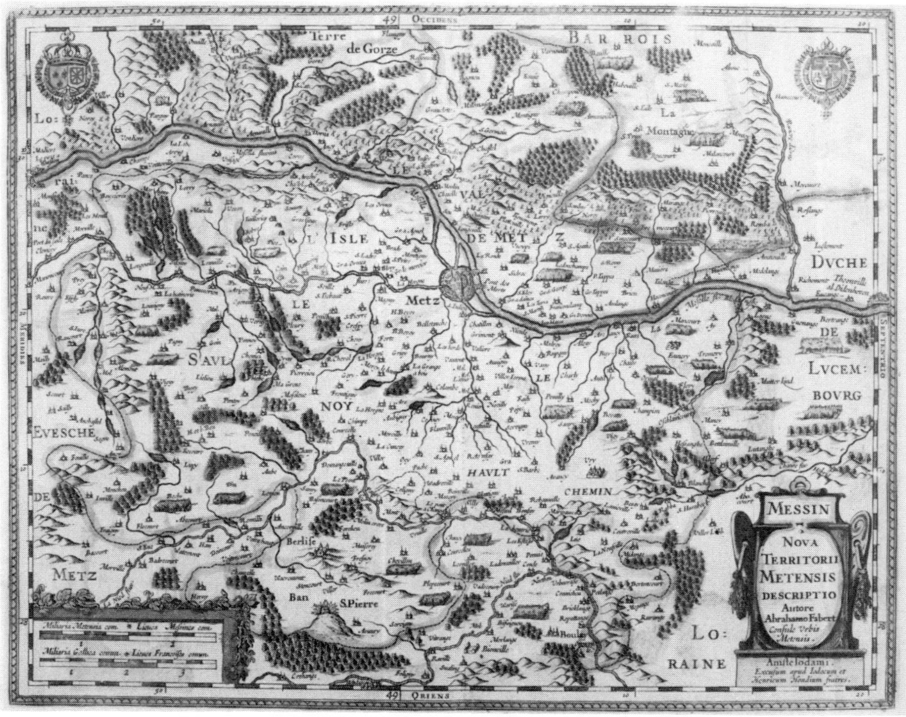

Metz und Umgebung (pays Messin).
Landkarte, gedruckt 1638. In: Atlas Novus, Bd. II von Gerhard Mercator und J. Hondius.

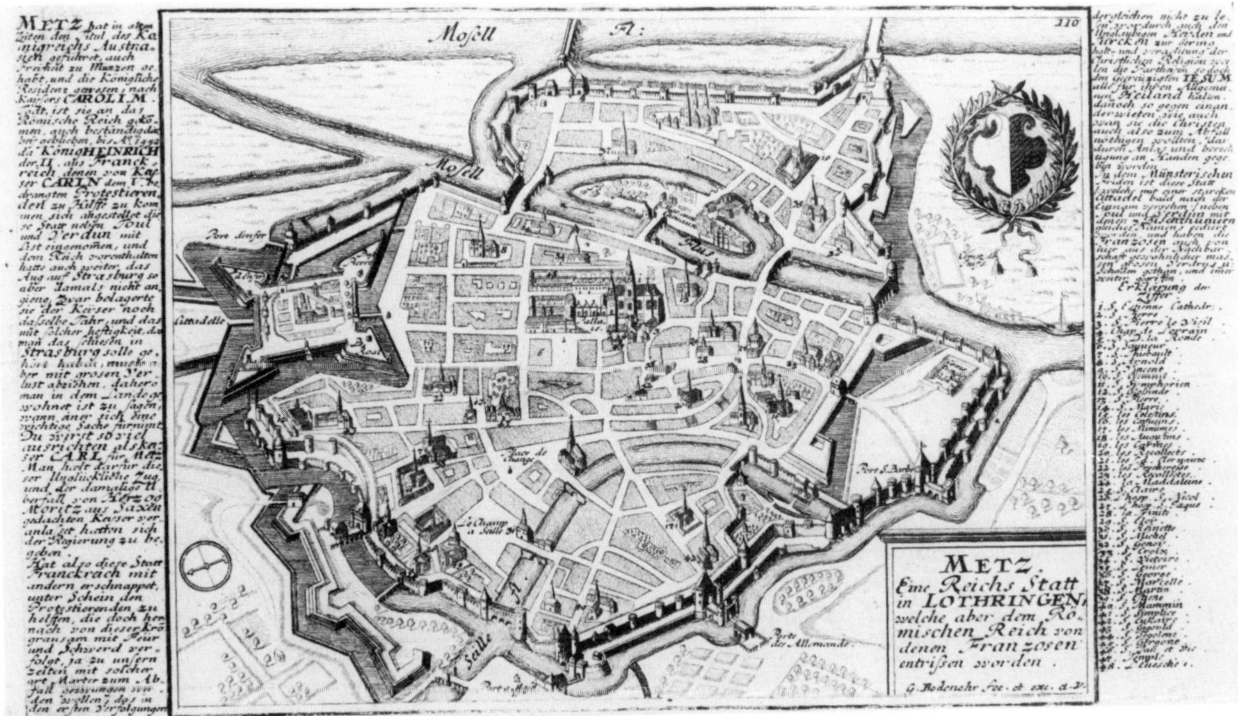

Grundriß der Reichsstadt Metz in Lothringen nach Gabriel Bodenehr. Aus: Force d'Europe, Bd. I, Bl. 110.

Ausschnitt des Stadtplanes von Matthias Merian.
In: Zeiller, Martin: Topographia Palatinatus Rheni. 2. Ausgabe 1672. I/16.
Das Gebäude mit der Nummer 47 (links unten) zeigt den »temple«, die hugenottische Kirche, in Metz.

Zweibrücken. Ausschnitt nach einem Aquarell von 1563 (Universitätsbibliothek Göttingen).

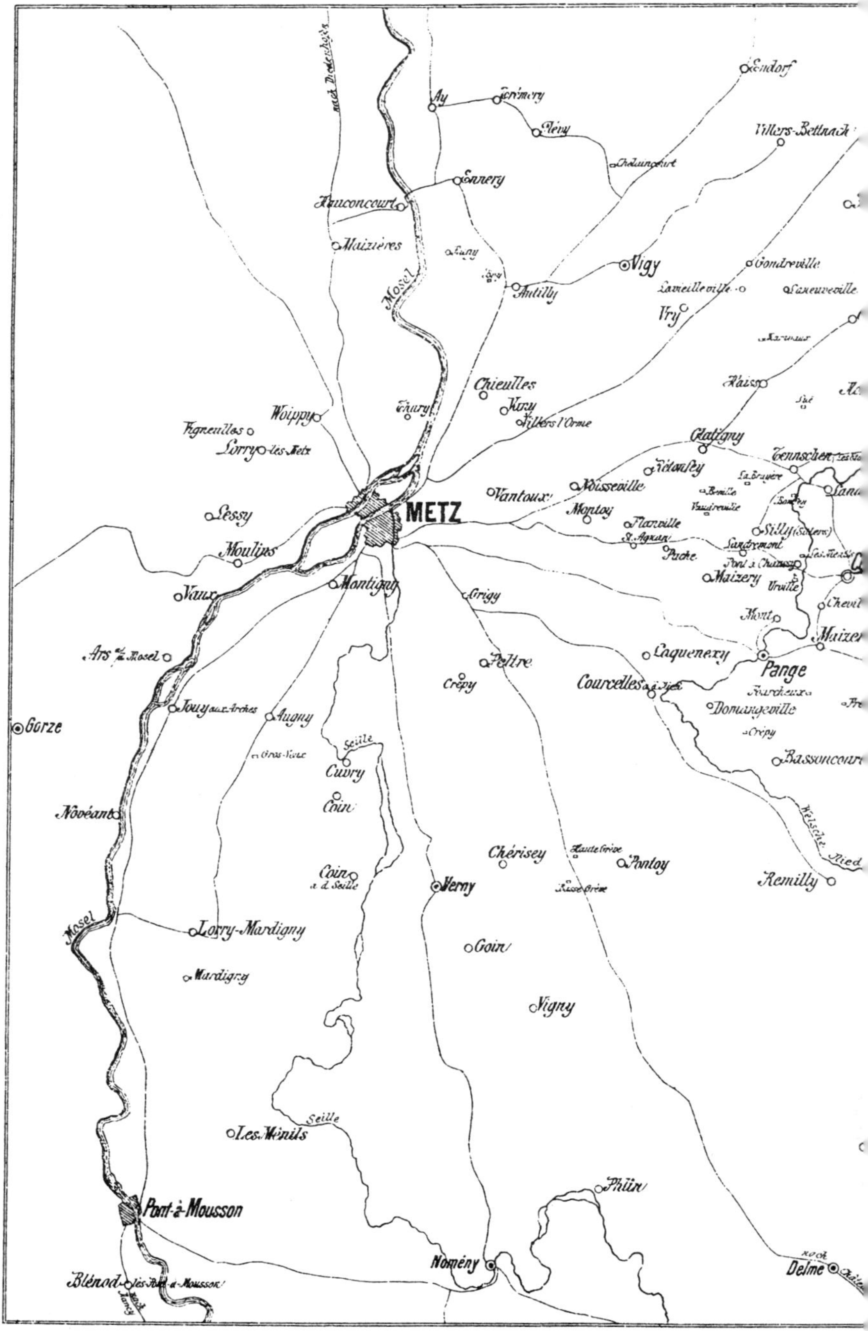

METZ
Mosel
Ay
Ennery
Hauconcourt
Maizières
Vigy
Gondreville
Antilly
Vry
Chieulles
Woippy
Vigneulles
Lorry les Metz
Lessy
Moulins
Vaux
Montigny
Jouy aux Arches
Augny
Gorze
Seille
Cuvry
Coin
Coin a. d. Seille
Novéant
Lorry-Mardigny
Mardigny
Verny
Chérisey
Pontoy
Remilly
Goin
Vigny
Les Ménils
Pont-à-Mousson
Nomény
Delme
Phlin
Pange
Laquenexy
Peltre
Crépy
Grigy
Vantoux
Noisseville
Montoy
Flanville
Glatigny
Villers l'Orme
Maizery
Domangeville
Villers-Bettnach

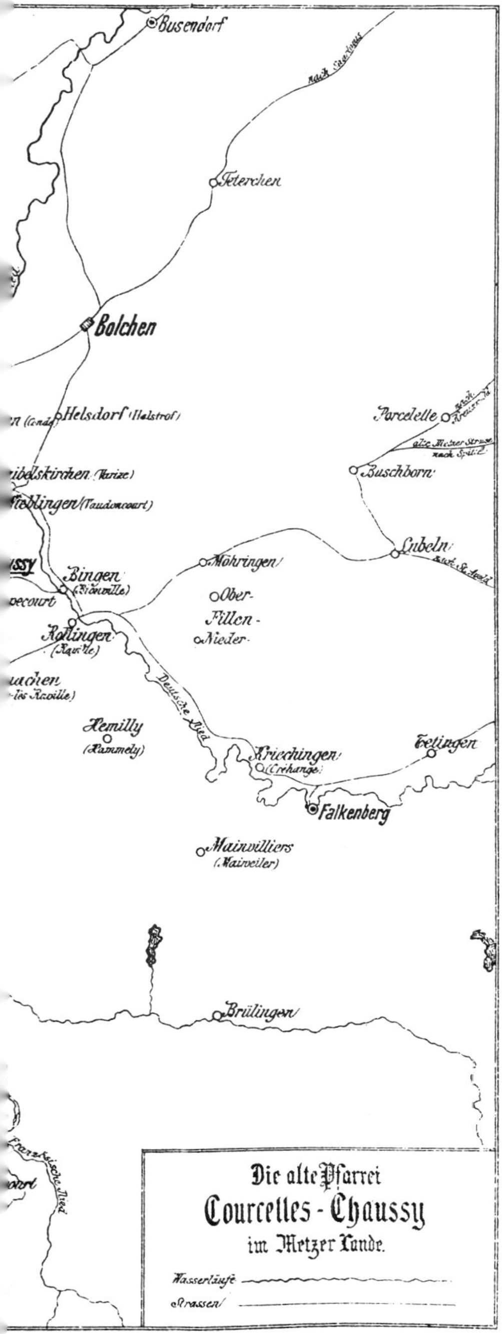

Die alte Pfarrei Courcelles-Chaussy.
Aus: Ungerer, Edmund: Eine Kirche der Wüste in Lothringen. Erinnerungsblätter aus Couralles-Chaussy. Straßburg i. E. 1900.

Guillaume FAREL (geboren 1489 zu Gap im Dauphiné/Südfrankreich, gestorben am 13. September 1565 in Neuchâtel/Neuenburg/Schweiz) wirkte als Reformator der französischen Schweiz, als Vor- und Mitkämpfer Jean Calvins (1509–1564). Von Neuenburg (seit 1538) aus unternahm er verschiedene Missionsreisen: Dank der hinreißenden Gewalt seiner Predigten wurde er 1542 der Reformator von Metz.

Marie CONTE (geboren am 19. März 1658 in Metz, gestorben am 4. April 1762 in Kassel) entstammte väterlicherseits der Metzer Familie Sechehaye. Das Ölbild aus dem Besitz der Karlshafener Hugenottenfamilie Suchier zeigt die 93jährige.

Charles ANCILLON (geboren am 28. Juli 1659 in Metz, gestorben in Berlin am 5. Juli 1715), ältester Sohn des berühmten Metzer Pfarrers David Ancillon (1617–1692) wählte die juristische Laufbahn und wurde im brandenburgischen Refuge Richter sowie Direktor der Berliner Hugenottenkolonie. Von König Friedrich I. in Preußen wurde er zum Hofhistoriographen ernannt, nachdem er zuvor die »Geschichte der Niederlassung französischer Réfugiés in den brandenburgischen Ländern« verfaßt hatte.

Jean Jacques CUNY (geboren am 8. August 1736 in Magdeburg, wo er am 11. Juni 1817 auch verstarb) gehörte als Vertreter der dritten Generation einer erfolgreichen Kaufmannsfamilie an, die aus Bar-le-Duc geflohen war.

Dorothea VIEHMANN (geboren am 8. November 1755 in Kassel-Niederzwehren, wo sie am 17. November 1811 verstarb) entstammte väterlicherseits der Familie Pierson, deren Vorfahren aus Metz geflohen waren. Sie wurde bekannt als »Märchenfrau« der Brüder Jakob und Wilhelm Grimm; deren Bruder Ludwig Emil Grimm schuf 1814 diese Radierung.

In der TELOS-Paperbackreihe erschienen folgende Titel

1010 Karl-Erich Wilken
Auf den Spuren bibl. . . .
1013 Anny Wienbruch
Der Leibarzt des Zaren
1026 Anny Wienbruch
Im Schatten der Zaren
1031 Anny Wienbruch
Unt. d. rot. Sonnensch.
1032 Helmut Ludwig
Die Welt horcht auf
1036 Elli Kühne
Da bewegte s. d. Stätte
1048 Anny Wienbruch
Ein Leb. f. Gustav Adolf
1057 Ulrich Affeld
Unter der Treue Gottes
1058 John F. u. E. Walvoord
Harmagedon, Öl und
die Nahostkrise
1059 Heinrich Jochums
Was haben wir an Jesus
1060 Erich Beyreuther
Der junge Zinzendorf
1065 Anny Wienbruch
Sie waren mir anvertraut
1071 Elsbeth Walch
Tante Lydia w. schon . . .
1072 Elsbeth Walch
Zum Glück gibt's . . .
1074 Alfred Christlieb
Der Apostel Paulus
1076 Eduard Ostermann
Zukunft ohne Hoffnung?
1078 James M. Boice
Die letzte und die zukünftige Welt
1079 L. A. T. van Dooren
Menschenfischen, persönliches Engagement
1080 Anny Wienbruch
Ein König wird frei
1085 Alfred Christlieb
Vollmacht von oben
1086 Fritz May
Israel zwischen Weltpolitik u. Messiaserwartung
1087 Kurt Scherer
Mit Streß leben
1092 Billy Graham
Engel –
Gottes Geheimagenten
1095 F. F. Bruce
Die Glaubwürdigkeit
der Schriften des N. T.
1096 Watchman Nee
Geistliche Erkenntnis
1097 Heinrich Jochums
In Jesus haben wir alles
1102 Watchman Nee
Das Zusammenkommen
1105 Watchman Nee
Gemeinschaft der Liebe
1106 A. E. Stückelberger
Bibel, Kind und wir
1107 Michael Griffiths
Mit beiden Beinen
auf der Erde
1108 William Sanford LaSor
Menschen,
die Christus kannten
1109 Charles W. Colson
Watergate – wie es noch
keiner sah
1110 Rich. W. DeHaan
Die Wahrheit über Gott
1111 Ernst Modersohn
Durch den Glauben
1112 E. M. u. D. A. Blaiklock
Warum hat mir das
keiner gesagt?
1114 Jakob Kroeker
Es gibt ein Volk,
zerstreut und gesondert
1116 Volkmann/Woyke
D. Anruf d. Evangeliums
1117 Neil R. Lightfoot
Die Bibel – Entstehung u. Überlieferung
1118 Martin Schacke
Die Abschiedsreden und
das große Gebet unseres
Herrn Jesus Christus
1119 Dwight L. Carlson
Leben und nicht
müde werden
1122 George W. Peters
Evangelisation: total . . .
1124 Dr. Dr. G. Huntemann
Am Anfang die Wahrheit
1126 Winrich Scheffbuch
Wer Jesus hat,
hat das Leben
1128 Eduard Ostermann
Unsere Erde –
ein junger Planet
1129 Billy Graham
Wiedergeburt –
wie geschieht das?
1130 Fritz May
So wird das Leben
schöner
1131 George Sweeting
Handbuch der Liebe
1133 Jeanette Lockerbie
Die zweite Lebenshälfte
1134 Joyce Landorf
Sein unermeßlicher
Reichtum
1135 Willi Buchwald
Israel und die
Zukunft der Welt
1138 Neil R. Lightfoot
Geheimnisse des
Himmelreiches
1140 Lienhard Pflaum
Kampf, Anfechtung,
Überwindung
1141 Robert M. Horn
Ein Buch spricht
für sich selbst
1146 Gerhard Bergmann
Christentum und
Sozialismus
1147 Armin Mauerhofer
Jesus, der Zugang
zu allem
1148 Armin Mauerhofer
Jesus, meine Kraft
im Alltag
1151 Spiros Zhodiates
Leben nach dem Tode?!
1152 Leroy Koopman
Deine Augen
sollen leuchten
1153 Robert E. Coleman
Des Meisters Plan
der Evangelisation
1154 Klaus M. Pülz
Brennpunkt Israel
1157 Anton Schulte
Evangelisation –
praktisch
1158 Creath Davis
Lebenskrisen und ihre
Überwindung
1159 John Slost Morton
Die Wissenschaft
hat Verspätung
1160 Maurice Wagner
Ich bin
1161 Heinz Böhm
Generation der
Hoffnungslosen
1162 Rolf Scheffbuch
Jesus – der gepredigt
und geglaubt
1163 G. B. Hardy
Countdown
1166 Oswald Sanders
Menschen wie du und ich
1167 Gary W. Kuhne
Evangelisation –
und was dann?
1168 Tim LaHaye
Kennen Sie Ihren Mann?
1169 Pat Means
Im Irrgarten
östlicher Mystik
1171 René Hermann
Hoffnung, die nicht
täuscht
1172 Paul Peterson
PLO kontra Israel
1175 A. E. Stückelberger
Erziehung, die Herausforderung an uns. Zeit
1176 Tim LaHaye
Temperamente
1178 Armin Mauerhofer
Bilder der Gemeinde
Jesu
1179 John C. Whitcomb
Die Welt, die unterging
1180 Francis A. Schaeffer
Die Kirche Jesu Christi
1181 H. Lockyer
Höhepunkte
1183 W. Philipp Keller
Ein Gärtner betrachtet
die Früchte des Geistes
1184 Gottfried Schröter
Versetzung gefährdet?
1185 Roy Hession
Vergeben und Vergessen?
1186 Richard Dugan
Weshalb wissen Sie, daß
Sie wiedergeboren sind?
1187 Paul Walter Schäfer
Missionarisch denken,
leben, reden
1188 Charles W. Colson
Urteil: Lebenslänglich
1189 Richard Strauß
Die Flitterwochen sind
vorbei
1191 C. Donald Cole
Er aber glaubte Gott
1192 Josef Kausemann
Einer, den die Gnade
fand
1193 John C. Souter
Ich war ein Dealer
1198 John White
Die goldene Kuh
1199 Francis A. Schaeffer
Jeder ist von Bedeutung
1200 Heinz Böhm
Des Glaubens liebstes
Kind
1201 Friso Melzer
Sonne und Regen
1202 Herm. Friedr. Kohlbrügge
Passionspredigten

In der Reihe TELOS-Erzählende Paperbacks erschienen folgende Titel

2002 Price
Mut zum Nachdenken
2003 Jane Miller
Warum sinken, wenn du schwimmen kannst
2004 Elli Kühne
Mit dem Mantel der Liebe
2005 D. A. T. Pierson
Niemals enttäuscht
2013 Otto Riecker
... mit 60 fing mein Leben an
2015 Max Engemann
Der Liebe Kraft
2019 Vera Cowie
Bis zum Ende
2020 H. v. Redern
Die Heimatsucher
2021 J. Müller-Bohn
Spurgeon – ein Mensch von Gott gesandt
2022 Patricia St. John
Nur der Himmel ist die Grenze
2024 Y. C. Ahn/Ph. Thompson
Treu bis in den Tod
2028 Elsbeth Walch
Viel Vergnügen am See
2029 June und Hal Miller
Es liegt alles bereit
2034 Hildegard Krug
Des Lebens Glück
2036 Arno Pagel
Kassette mit TELOS-Paperbacks
2042 Bernhard Palmer
Rotkehlchen flüstert
2052 Myrna Grant
Reise im Gegenwind
2054 Hannah Hurnard
Es wird mich über die ...
2056 Bernhard Palmer
McTaggarts Versprechen
2057 Don Richardson
Herren der Erde
2058 Ian Markell
Engel im KZ
2061 Susan Nethery
Ein Jahr, das zählt
2062 L. v. Winterfeld-Platen
Gegen die Brandung
2068 Kevin Linehan
Odyssee eines Homosexuellen
2069 Jost Müller-Bohn
Bleib du im ewgen Leben
2070 Mary Irwin/M. Harris
Der Mond allein genügt nicht
2071 Wooding Barnett
Unter dem Folter-Präsidenten
2072 Hunter
Annalisa
2073 Bernhard Palmer
Nichts ist unmöglich
2074 Fritz Binde
Genesene Seelen
2075 L. Keidel
Gefangen im Kreuzfeuer
2076 Elisabeth Braun-Dipp
Die große Wirklichkeit
2077 Jost Müller-Bohn
... mein guter Kamerad
2078 Una McManus/Ch. Cooper
Ich war bei den Kindern Gottes
2081 Carola G. Page
Die Arztfamilie
2082 Heinz Böhm
Wenn der Vorhang fällt
2083 Alfons Sundqvist
John Bunyan
2084 Mara Gut
Mina
2085 Lisbeth Brupbacher
Eine Dreizimmerwohnung und guter Kaffee
2086 Anny Wienbruch
Die Jugend einer Königin
2087 Karl Frey
Die unsichtbare Hand
2088 Gerhard Hamm
Der getaufte Geldbeutel
2090 Neffie van der Schrier
Der goldene Faden
2091 Heinz Schumacher
Nächte voller Feuer
2092 Knoke
Ermutigung zur Erziehung
2093 Jost Müller-Bohn
Die Flügel sind stark
2094 Stein
Samuel Urlsperger
2095 Jost Müller-Bohn
... mein guter Kamerad Band 1–3
2096 Gasser
Da schlossen sich die...
2097 L. v. Winterfeld-Platen
Wenn das Leben ruft